重塑未来

明日世界的警醒和展望

[德] **玛雅·格佩尔**（Maja Göpel） 著

孙文慧 译

WIR KÖNNEN AUCH ANDERS

Aufbruch in die Welt von morgen

中国科学技术出版社

·北 京·

Wir können auch anders: Aufbruch in die Welt von morgen by Maja Göpel,
ISBN: 9783550201615
Copyright © by Ullstein Buchverlage GmbH, Berlin. Published in 2022 by Ullstein Verlag.
Simplified Chinese translation copyright © 2025 by China Science and Technology Press
Co., Ltd.
All rights reserved.
北京市版权局著作权合同登记 图字：01-2024-0367

图书在版编目（CIP）数据

重塑未来：明日世界的警醒和展望 / （德）玛雅·
格佩尔著；孙文慧译 . -- 北京：中国科学技术出版社，
2025. 4. -- ISBN 978-7-5236-1096-1

Ⅰ . F069.9

中国国家版本馆 CIP 数据核字第 2024N0R376 号

策划编辑	何英娇	执行策划	王碧玉
责任编辑	何英娇	版式设计	蚂蚁设计
封面设计	潜龙大有	责任印制	李晓霖
责任校对	吕传新		

出　　版	中国科学技术出版社
发　　行	中国科学技术出版社有限公司
地　　址	北京市海淀区中关村南大街 16 号
邮　　编	100081
发行电话	010-62173865
传　　真	010-62173081
网　　址	http://www.cspbooks.com.cn

开　　本	880mm×1230mm　1/32
字　　数	139 千字
印　　张	7
版　　次	2025 年 4 月第 1 版
印　　次	2025 年 4 月第 1 次印刷
印　　刷	北京盛通印刷股份有限公司
书　　号	ISBN 978-7-5236-1096-1/F·1320
定　　价	69.00 元

CONTENTS

目 录

第三部分

我们究竟是谁？

人类最伟大的冒险

> 我们对即将发生的事一无所知，但在浩瀚的不确定性中仍有转圜的空间，希望便生于这样的假设。我们在承认不确定性的同时，也意识到，无论是单枪匹马，抑或与他人通力合作，我们的行为都可以影响到结果。希望是对未知与不可知的拥抱，是有别于乐观主义者和悲观主义者的另一种选择。
>
> ——丽贝卡·索尔尼特（Rebecca Solnit），作家

世间万物变动不居，生生不已，此乃人所共知。有些变化我们极易接受，有的却使我们深感惋惜，乃至心生抗拒之情。有些变化令人翘首以盼，乃至竭尽全力促之发生，有些却让人惊悸不安。无论是怎样的变化，我们都对其速度与规模有所感知。一段时间后，熟悉的东西基本恢复如故，在我们看来已是稀松平常。但倘若某天早上打开手机，熟知的世界完全被颠覆了，则会让我们大吃一惊。然而，这样的事如今已越发寻常。

美国一家银行突然倒闭，使世界经济岌岌可危，这显示出国际金融体系的脆弱。一场海啸袭击了日本福岛核电站，

暴露了可持续能源体系的短板。英国"脱欧",使欧洲大陆的政治一体化进程饱受质疑。巴西、澳大利亚、俄罗斯山火频发,德国、比利时、荷兰屡遭洪灾,数百人在灾害中丧生。

与此同时,"黑人的命也是命"(Black Lives Matter)及"我也是"(Metoo)等运动使多年来乃至几十年来一直被压制、被掩盖、默默忍受的人群,拨开阴霾重见天日。2022年,欧盟风电和光伏发电量首次超过了化石天然气发电量。内燃机汽车因排放有害气体而被列入禁止生产时间表。德国联邦宪法法院以"后代所享有的自由决不能比今天少"为由,敦促德国政府在气候保护方面更进一步。设立"生态灭绝罪"的提请已由英国律师递交至联合国和国际法庭。欧洲接收了数百万来自战争和危机地区的难民。

尽管如此大规模的事件并非每天都在上演,且明显在某些地区往往更为频发;但是,我们不再想当然地以为不可能每天都有大事发生,也不再将其视作特例或将其孤立看待,接着第二天若无其事地继续原有的生活。所谓"后天发生之事只是对今日之事的小小修改",这样的想法早已站不住脚。因而,有时我们感到不知所措,想尽快恢复常态,但常态究竟是什么,或者应当是什么,其定义已被悄然颠覆。

如今发生的这些危机揭露了这样的事实:有的事情早已偏离了正常轨道。

发生如此重大的事件后,早上醒来的我们是否已身处一个不同于昨日的世界?还是说我们仍在我们的世界,只是未感受到或注意到其悄然间发生的变化？如今我们几乎每天都有这样的感受：在我们生活的许多领域，变革的压力与日俱增，继续原有生活已成为一种奢求。推诚相见，我们以前的许多信念、规则与常识已不合时宜。而且，我们也看到，危机的出现为切实解决长期风险与热点问题提供了切入口。例如，能源系统转型、重新规划交通、发展新农业、重塑分配方式；不再将发展与经济增长混为一谈；推动建立新的国际秩序，实现所有国际宣言与宪章所期盼的目标——公平发展。许多人认为，动荡不安的现状不仅会增加威胁，也是冲突的前兆。但在全球化的今天，面对冲突，我们的生活会如何变化已难以预测。如何实现我们的目标及其最佳的实现途径，在这一问题上言人人殊：是技术主义还是消费主义，是市场主导还是国家干预，各方争论不休，并不曾"握手言和"。

未来缥缈不定，却又广阔恢宏，难以预测自己身处何位的我们，难免会惶惶不安、忧思惊惧，有时甚至怒气填胸。摆脱这些情绪的一个常见方法是找到罪魁祸首，并与之划清界限。有的人从体制内获取财富、利用现有社会经济结构攫取私利；有的人面对危机时，急不可耐地想要改变现有的社会结构，质疑特权和享受存在的合理性；有的人一反其道，完全不认同当前的社会判断，或者对当前的紧要问题不以为然。

虽然我们中的大部分人比前辈拥有更多物质资源、更多机会和更多自由，但同时，人类对地球的开发速度已超过地球的自然恢复速度；贫富差异、南北差距、种族歧视、性别歧视等不公正现象有增无减。随着人们对增长极限的担心与日俱增，"筑墙设垒"也愈演愈烈。生产活动越发活跃，人类与自然都无法休养生息。我们的生活方式导致的社会失调，正是生态破坏的镜像。我们没有达到和谐共生，而是成了系统的囚徒，我们也曾信誓旦旦地许诺要在其中获得自由，却终于迷失在此处。

我们对如何以不同方式生活、工作、消费和合作产生了很多想法。在我的《九大思考：重新审视我们的世界》一书中，我邀请了很多人来审视这些想法，并请他们摒弃一些仍影响着我们当前社会的陈旧观念。这些观念产生于约 250 年前，与当时的现实和挑战相适应，但在如今这个拥有近 80 亿人口、资源消耗量爆炸的世界，因它们而起的危机比比皆是。这就是我一直呼吁大家重新审视我们这个世界的原因。在这本书中，我着重关注新思想转化为行动的可能性，当然，在我看来，这种转变是必然。我想，我们的关注点应该从补偏救弊转为未雨绸缪，变得乐观，激发内心的探索精神，共同成长，超越自我。我想，我们并不缺乏对未来世界的设想，而是缺乏实现这些想法的信念。我们怯于迈出第一步，也不相信许多人愿意与我们携手并进，抑或缺乏勇气去改变我们社会发展的深层结构和宏大政治框架。我们低估了自己的力量，也忽略了一个事实，即变革的齿轮早已开始转动，我们亦应尽己之责。

当前，社会正处于变革之中。在人类漫长的历史长河中，也曾出现过如此巨大的变革，即农业的产生、封建社会的建立、工业化与资本主义的出现，它们被统称为"大变革"。对它们的研究是当前研究的一个重点方向，来自不同学科的研究人员正在汇编关于早期相当规模变革的研究结果，以便为当今变革提供更多的战略支援。有了这些研究成果，当面对日益复杂的情况时，我们便可以揆情度理、做出预判、防患未然，不至于不知所措、被动应付。我们不需要找到弥补原来结构的方法，而应攒聚力量，找到新的出路。虽然，这需要一段时间艰苦卓绝的奋斗，但可以造福未来。

哲学家、社会心理学家艾瑞克·弗洛姆（Erich Fromm）写道："衡量改革的真正尺度是它的现实性，它真正的'激进性'，真正的改革会深入到根，正本清源，而非只浮于表面，治标不治本。"

因此，我决定走激进路线。这本书分为三个部分，在三个问题的引领下，从宏观到个体层面，一一进行回答。

当今世界纷乱复杂，我们如何才能扭转局势？怎样才能协助研究制订21世纪的解决方案？

要改变现有结构，使其更好地服务于我们的目标，我们要从哪里着手？谁能引领变革？是政治界，经济界，还是所谓的精英阶层？而当谈及变革时，我们口中的"我们"指的究竟是谁？

　　以为全人类建设一个更加美好的世界为目标的变革，是人类最伟大的冒险，需要我们一步一个脚印地完成，但如果没有明确的方向和面对困难毫不衰减的热情，也无法取得成功。我收到了很多来自社会各界的信件、鼓励、指点，大多是对我的《九大思考：重新审视我们的世界》一书内容和我为"科学家筑梦未来"倡议所做工作的回应，从这些文字中，我更加确信这一点。他们向我展示了真正的可能性，并且有的人已经在付诸行动。这本书是我一路走来，与诸多人交流后的产物。这些人中，没有一个人认为我们的时代是好应对的，也没人觉得社会变革易如反掌。但他们都坚信，有的时候，我们必须告别旧事物，准备好迎接新事物。我们必须转换方式，为新事物的诞生创造条件。而且，我们也一定可以做到！

第一部分

我们的运作系统

—— PART 1 ——

在复杂的系统中，各元素之间的关系是关键。联系，或者说是关系，决定了复杂系统的运作方式。只有各元素之间紧密结合，才能构成一个组织，其中的运作流程并不起决定性作用。要想理解复杂系统、区分简单与复杂系统，就必须把握这一要点。

——弗朗西斯·韦斯特利（Frances Westley）、布伦达·齐默尔曼（Brenda Zimmermann）、迈克尔·奎因·帕顿（Michael Quinn Patton），变革专家

塔纳兰的悲剧

> 我们的一切所为和不为，都会对整个世界产生影响，因为我们每个人都参与了造物的过程。我们当然不能随心所欲地改变世界，但我们所做的每一个决定都会牵动全局。我们厕身其间，因此守护这个世界，我们责无旁贷。
>
> ——物理学家汉斯-彼得·杜尔（Hans-Peter Dürr）[1]

塔纳兰（Tanaland）是东非的一片狭长地带。一条河蜿蜒流过该地区中部，最终注入一方湖泊。这里有森林和大片草原，栖居着斑马、猎豹和猴子，同时也养育着图皮、摩洛两族人民。图皮人是农民，他们的村庄毗邻湖畔，四周花园和果树环绕。摩洛人则是牧民，生活在草原上，总是带着牛群和羊群从一处水源迁往另一处，再则他们也会捕猎。塔纳兰的生活虽然艰苦，人们倒也可以糊口度日。

20世纪70年代中期，德国心理学家迪特里希·德尔纳

---

[1] 德国著名物理学家维纳·海森堡的长期合作伙伴、诺贝尔环境奖获得者，著有《世界变局新思维》。——译者注

（Dietrich Dörner）[1]给了 12 个学生一个机会，让他们作为发展援助志愿者去改善塔纳兰的境况。学生们在工作中享有高度自由，只要他们认为对发展有所裨益，便可以开垦林地、钻凿深井、筑堤束水、购买拖拉机、使用化肥和杀虫剂、聘任医生，乃至给整个地区通电。他们有人学的是农学、生物学，也有人学的是心理学和法学，虽然专业背景各不相同，但所有人都宣告首战告捷。

在他们的介入下，当地医疗条件得到改善，儿童死亡率降低，人口数量日渐增长。化肥的施用使得农业增收，食物资源更加充足。此后猎豹也遭到大量猎杀，羊群数量激增。不久后，这些初来乍到的发展援助志愿者们都以为已经攻克了最紧迫的问题，一切尽在掌握之中。然而，此后没多久塔纳兰便遭受了严重的大饥荒，人口数量骤减，这让学生们错愕不已。一段时间后，图皮人和摩洛人的境遇比这些学生干预之前还要糟糕。1975 年,《明镜周刊》（Der Spiegel）报道称：最终，几乎所有学生都让纳塔兰的经济彻底衰退，甚至比被殖民主义剥削还要糟糕。这与他们的初衷完全背道而驰。

你是不是在想，怎么之前从未听说过塔纳兰的故事？

没听过就对了。其实，这里的塔纳兰只是一个计算机模

---

[1] 班贝格大学心理学教授，认知行为领域的权威，1986 年度德国最高科学奖莱布尼兹奖获得者。——译者注

拟程序，德尔纳想用它来研究人们解决复杂问题的能力，以及当人们和上述学生们一样表现不佳时，原因又是什么。这正是整个实验要探寻的重大谜题。

为什么某个初显成效的方案会突然失效？为什么人们在尝试用同样的方式解决问题时，事态会在某个时刻急转直下？

其实，我们都有过这样的经历——德尔纳把这种情况称作"失败的逻辑"❶。刚坠入爱河的情侣往往爱意正浓、愿意相互理解，因而在发生分歧时会为了对方掩藏自己的情绪，或者"大事化无"。然而随着时间的流逝，这样的方法似乎难以为继。简而言之，最初伴侣身上吸引我们的地方，现在可能让我们有些难以承受了。许多初入职场的新人往往会有这样的体验：只要他们乐意 24 小时连轴转，步步高升易如拾芥，但是几年后他们发现，同样的方式已经不能使他们升职加薪，反而让他们感到精疲力竭。看来"多多益善"这一经验法则也不是屡试不爽的"灵丹妙药"。再让我们将目光投向化石燃料。200 年前我们开始使用煤炭和石油能源，创造了不可思议的繁荣盛世，而如今，能源危机越发逼近。繁荣过后，很可能是摧枯拉朽的崩塌。

这是为什么呢？

---

❶ 德尔纳还以此为题出版了一部著作，中译本叫作《失败的逻辑：事情因何出错，世间有无妙策》。——译者注

其实，就算学生们没有特殊技能，也有可能带领塔纳兰走向安稳宁静，因而，学生们也并非因为不具备这些技能才会失败。正如德尔纳所言，在计算机模拟程序中，更需要将"理性的知识"与实际情况相结合。这就像处理日常问题一样。

当学生们发现猴子和老鼠吃掉了一部分庄稼，导致塔纳兰的食物供应出现问题时，便使用了毒药。结果，之前一直以猴子和老鼠为食的当地豹子食不充饥，便袭击了羊群。于是，学生们开始捕杀豹子，把豹皮卖了，卖得的钱用以扩大牛群的养殖规模，进而过度放牧，导致草原的生态环境被破坏。于是，老鼠和羊群的数量再次呈爆炸式增长，祸害庄稼。为了增加作物产量，学生们打井灌溉农田，人口随之增长，所以他们打了更多井。没想到，地下水位下降，水井干涸，庄稼枯萎，人们又过上了忍饥挨饿的生活。

就像塔纳兰实验中的学生们一样，世界上很多人都习惯于因循守旧，看到结果后却一次次讶然：今天的解决方案居然变成了明天的问题。

听起来像是一个恶性循环，对吗？

如果这真是一个恶性循环，那就意味着我们没有办法去突破它，也就是说，我们注定会失败。然而，世界上不存在不可打破的恶性循环，但确实存在复杂甚至高度复杂的问题。当然，只有当事情出问题的时候，我们才会用这样的眼光去看待问题，并寻求不同的解决方式。但若是我们做不到这样，便会将它们定义为"恶性循环"。为了追求效率，每次都采用相同的策略，是不足以解决复杂问题的。我们要做的就是检查采取的策略是否出现了问题，更重要的是要重新理解问题。

这便是塔纳兰的悲剧告诉我们的道理。

起初，学生们在每次做决定前都会下一番功夫。他们先是预设问题，找到解决问题的方向，厘清其中的联系，自然也取得了初步成功。然而，随着他们玩模拟游戏的时间越来越长，他们设问及思考的次数也日益降低，做决定越来越快，做的也就越多。久而久之，他们甚至不顾塔纳兰人民的状况，只为完成计划而不知变通。

譬如，其中一名志愿者决定漫灌草原，增加耕地面积。于是，他想要挖掘一条长长的水渠，引河水灌溉。虽然在这个过程中遇到了无数问题，如物资匮乏、协调不佳等，他都竭力解决了。但天不遂人愿，最终还是爆发了饥荒，他太专注于其他问题，而忽视了本应提防的饥荒问题。但这时他满脑袋想的还是要让水渠完工的事。总体来看，随着饥荒越加频发，学生们也越发漠视这个问题，甚至开始逃避。最后，有的学生甚至将闹饥荒的问题诿罪于图皮人、摩洛人；有的学生则怀疑是他们的教授故意将模拟游戏设置为地狱难度，致使他们永远都完不成任务。总而言之，他们不再觉得单靠自己就能解决这里的问题。

一开始，这些学生是明显的行动派，但当情况未按照预想的那般顺利进行时，他们感到困惑，甚至愠怒。到了最后，他们只会制订计划、互相指责、照章办事，或走向阴谋论。看看我们的社会，其实，到处都是"塔纳兰"。

那么，所谓恶性循环的出路到底在哪里呢？

在处理复杂问题的时候，我们习惯于先分析：将问题分解成若干部分，然后分别检查并找到薄弱点，随后替换掉失灵部分，再把整体组装起来，期待故障能够顺利解决。我们也喜欢用这种方式去理解世界：把世界分解成不同的组成部分，并觉得如果我们能把各个部分理解透彻，或把它们组成一个"整体"，那么这个"整体"就像是各个加数的和，换言之，符合运算的逻辑。但不幸的是，整体显然不是所谓的"总和"。

为了缓解其他道路的堵塞新修了一条路，结果其他道路的交通堵塞不仅没有减轻，新路也很快被堵得水泄不通。某经理被工作累到筋疲力尽、心力交瘁，在医院里终于恢复了元气，结果回去上班的第一天看到排得满满的日程表时，他又失去了斗志。

上述问题并不只出在某一部分中，这就是为什么不能通过细节分析解决问题：细节分析就是在出了岔子的时候，把祸根归结为某部分出问题或缺位了。而事实是各部分之间的关系和相互作用，推动了事态的演变与发展，导致事与愿违，甚至出现错误。要想改变这种情况，就得先了解其中的关系。否则，便会只见树木，不见森林；只见汽车，不见车流；只见个体，不见社会；只见元素，不见关联。恰恰是它们之间的关联，赋予了元素存在的意义，指引了行动的方向。当然，这并不是说个体和部分就不重要了，但发展是关系的产物，而环环相扣的关系就会组成系统。

复杂系统先驱德内拉·梅多斯（Donella Meadows）在她的书中写道："系统是一组相互连接的元素或部分，以特定的行为模式和结构相联结，为达到一定的目的或功能而进行一系列特定行为。"她的奠基之作《系统之美》（*Thinking in Systems*）也是本书的重要参考文献。

我们的日常生活充斥着复杂系统，但只有在它们陷入瘫痪后我们才会留意到。我们虽然常常说经济系统、金融系统、生态系统、健康系统或心血管系统，但只有在它们出毛病的时候——经济衰退、股市崩盘、蜜蜂大量死亡、要做分流术❶、心脏病发作——我们才会意识到，许多东西在默默运转，于无形中托举起我们的生活。如果没有了这些东西，车子就会出故障，无论怎样的关系都会起矛盾，民主变得激进，甚至让人们对世界观产生怀疑。

一旦你清楚自己要寻找什么，就能发现，系统在我们的周围无处不在，甚至我们自身也是系统的一部分。

维系人类生命的水、食物和氧气从何而来？人类排出体

---

❶ 分流术是将门静脉系和腔静脉系连通起来，使压力较高的门静脉系血液直接流到腔静脉中。——译者注

外的物质，又如何再次转变为清洁的水、健康的食物以及氧气？很显然，我们不能忽视我们通常称为"环境"的系统，但我们正在系统性地污染和破坏它。我们正面临着回旋镖效应，而"共同环境"这一术语或许能够很好地解释这一效应。

尽管系统有很强的存在感，但随着时间的推移，我们却对其熟视无睹。相反，归纳法越来越盛行，这种方法通过一种更加专业化的途径去剖析世界。在启蒙时代乃至近代常见的整体观日渐式微，直到第二次世界大战之后，伴随着计算机技术的发展，西方科学终于再获世界认可。

我们有望利用计算机对复杂系统进行建模。我们可以向计算机输入大量数据，并研究其在干预措施下的反应。然而，对惯于用归纳法思考的科学家乃至整个社会而言，将世界视作无数系统的集合意味着以更广阔的视角去看待这个世界，并且为我们对生活模式的解释和组织提供更多可能性。然而在某些情形下，这些可能性需要从根本上进行检验。就像其他任何根本性变化或范式转换一样，检验不是一朝一夕就可以完成的，而且这一进程往往会比通过短期工作解决一个常见问题艰苦得多。然而，这种努力会有更大的回报：它能够为我们指明走出恶性循环的道路。

从医学到社会学，从环境科学到传染病预防控制，再到数字化，目前普遍的做法是在自身所处的系统背景下各自为政，研究问题。然而在社会层面，这样的方法明显行不通。

如果在社会层面，我们仍然将整体拆解为各个方面，并且套入这套所谓普遍有效的模板，诸如市场和国家、增长与停滞、生态目标与社会目标、北半球与南半球，就会发现许多问题的答案非此即彼，零和游戏中的阵营思维占据了主导地位。

我在本书第一部分中想阐明的是，在我们的日常讨论和社会结构中，加强系统性观点和组织方法极具价值。顺带一提，系统性的思考方式也是有限制的——例如，如果我们想采取战略行动，那么一味用"一切都与其他事物相连"这样的系统性观点思考显然是走不远的。系统性观点是一种进化学观点，这一观点认为，未来在不同方向上的诸多可能性中不断变化，而生活中的每一个时刻都仅仅是可能性之一。因此，事物发展的界限并不是固定的，而是可变的。我们通过对手头问题的分析去推测出界限所在，甚至正如我们看到的那样，有意地去寻找它们。因此，从系统上看，我们既不能假装某些发展不存在限制，因为一切都可能以某种形式被取代，也不能对发展结果进行明确的量化以及长期、线性的预测。与之相反，进化系统科学聚焦于对可能的发展模式的解释和影响。

因此，当掌握了系统性方法后，我们对于解决复杂问题及其根源的分析视角就会发生转变。有了这一新的视角，我们对于如何实现解决问题这一目标的设想也会发生变化。我们在可能的战略方针和解决方案上拥有了更多选择。在我看来，最重要的是通过这种方式，我们会开始把注意力转移到组织互动的结构之上，观察其如何影响结构下各个部分或元素的行为；也会更少地将问题归咎于个别局部，而更多地在所谓系统陷阱、结构陷阱上找原因，而这些陷阱正是恶性循环的根源所在。

本书的第二部分将专门对贯穿我们生活各个领域的系统陷阱展开讨论；第三部分则把我们带回改变的起点：我们自身。在我看来，对人类的未来产生积极影响的不会是人工智能和技术革命，他们只是人类想象力的表达。人工智能按照人类的程序执行任务，而人类随时可以终止程序。

所以，社会发展的根本在于我们自身。了解这一点比在机器中寻求救赎更让人兴奋，是一个既充满活力又要不断学习的过程。"我们不能把我们的意志强加给一个系统"，德内拉·梅多斯写道，"但我们可以倾听系统想让我们知晓的东西，听它告诉了我们什么，当系统的特性和人类价值观相辅而行时，即可达到更好的效果。我们虽然既不能控制系统，也不能解码系统，但可以与之共舞。"

可能危机降临时我们才会醒悟，只有当事情失控，我们才无比渴望管控的力量。比如说，新冠疫情期间，我们经常使用"常态"这个词，因为我们想恢复常态。然而，目前的研究表明，从系统的视角来看，常态的结构也是动态发展的。

某件事对社会和生态造成的影响是否"正常"，在大部分情况下是政治话题。但从科学的角度来看，今天正常的东西明天一定会改变。某段时间有章可循或某个过程稳定推进，不应该与机器运作混为一谈。社会的运转并不像机器那样，哪怕只是简单的机器。而复杂系统自身具有一定的生命力，要与繁杂系统区分开来。

系统性的视角告诉我们，今天的解决方案将成为明天的问题，这是"正常"情况下的预测。没有标准的蓝图，也没有一旦构思好就可以一劳永逸、抵御所有变化的宏伟计划。为了达成最终目标，尽早调节相应结构才是要事。此外，也要时不时地反躬自省。系统性观点也揭示了预测和管控的局限性，尤其是当我们长期以来对某件事关注过少或对正在成长的问题掉以轻心，导致陷入所谓恶性循环时。因此，我们要从对行动的狂热走向平和舒缓，从零和博弈走向携手并进，从分崩离析走向同心一力，从系统陷阱走向与系统共舞。

可能有人会说，上面说得都很好，但就算是跳舞也需要节奏和舞步的指示，难道跳出这一点就没有任何指示吗？

当然有。如果我们以德内拉·梅多斯对复杂系统的定义为基础，那么要处理复杂系统就要考虑它的三个特征：第一，关联性；第二，动态；第三，目的。从复杂性研究的视角来看，这种说法有些过于精简，但为了深入浅出地理解范式转换、时代转折、第二次文艺复兴或大变革等事件背后的重要思想，这个"特征三重奏"可能是一个不错的切入点。

因此，这所涉及的问题不外乎是对学习和进步理念中核心概念、技术利用和政府机构设置的重新理解。20世纪出现了一个由国家联盟组成的组织——联合国，展现了世界人类的共同愿景。面对21世纪的动荡现状，我们不能沿用原来的合作模式，否则只会招致无尽风波。如果我们能够牢记以上三个特点，就能更好地理解系统运作的方式、遵循的节奏以及抵达的终点，也会更明了哪些理念需要我们重新理解。接下来的三章，我们将逐一展开讨论，研究其特点。

关联性——一切皆有联系

> 一个复杂的系统是动态发展的，它不断经历演变和进化。在某种意义上，系统是"有生命的"。
>
> ——乌戈·巴尔迪（Ugo Bardi），化学家

彼得湖和保罗湖是密歇根州北部两片不起眼的小湖泊。它们就像一对翅膀，分布在一条通往荒芜地区的砾石路的两侧。方圆几英里（1英里约为1.6千米）内，除了湖泊、森林和砾石，几乎没有任何其他东西。即便你有地图，也很难在这片荒野上找到这两片湖泊，因为它们实在是太小了，就像两根针那样小。然而，世界上却很少有其他地方，能比彼得湖和保罗湖还更好地阐释系统所具备的联结性。

美国生态学家斯蒂芬·卡彭特（Stephen Carpenter）曾在2008年夏天选择这两个湖泊进行实验。当时，这两个湖泊还是典型的原始水域，栖息着较小的鱼类，例如鲦鱼和海鲷，它们以水蚤为食，而水蚤又以藻类为食。卡彭特是一名淡水生物学家，主要研究内陆水域的生态平衡，他深入调查了湖中生态平衡的形成过程。

在他的实验中，卡彭特和他的研究小组在彼得湖中投放

了 12 条鳟鱼和鲈鱼。这些肉食鱼以其他鱼类为食，可生长至一米长。一年之后，研究小组又在湖泊中再次投放了 30 条鲈鱼。三年后，研究人员统计了彼得湖中的鱼群数量。他们每天清点在岸边设置的捕鱼装置中鱼的数量，并将鱼放回湖中。三年后，原始鱼群的数量已经降至最初的五分之一，而投放的肉食鱼数量却增加了 20 倍。

彼得湖的景致也发生了巨变。以前，由于水藻蔓生，彼得湖的水闪烁着绿色的光芒。而如今，由于肉食鱼将原始鱼种捕杀殆尽，以至于没有鱼类消耗水蚤，令其不受阻碍地繁殖。水蚤能够在短时间内将湖内几乎所有藻类都消耗干净，但由于缺乏食物，水蚤数量也同样迅速锐减。实验过后，彼得湖的水变得清澈透亮。相比之下，未经研究人员干涉的毗邻的保罗湖的水面，像往常一样闪烁着绿色的光芒。

正如梅多斯所言，卡彭斯改变了一系列相互关联的元素，而正是这些元素构成了彼得湖的基本特征。他对彼得湖的改变如此巨大，以至于以往的平和之湖已经变成了与最初完全不同的掠夺之水。

彼得湖和保罗湖的案例深刻地揭示了，为什么在系统中，一加一总是大于二。作为系统中的一个部分或者一个单位，它们以这样的方式互相联系，从而共同建构了系统的发展态势。因此，这其中的部分没有一个是可以被简单地替换的。如果你增加了一个元素，或修改了一个现有的元素，整个系统的属性也会随之发生改变。并且，随着时间的推移，各个部分的属性也会发生相应的变化。这些变化可能在最初不那么明显，但随着干预行为的越发频繁和深入，系统中其他部分对其做出越发激烈的反应，直到最后，整个结构的行为都会发生变化。

如果我们只是单纯地把系统视作一个个部分的集合，那么我们就会忽视这种进化的相互作用，并且我们也只能观察到一定数量的部分。在无生命（无论数量多少）的集合体中，这样或许也已经足够了。比如说，我可以随意地移动一小堆沙子，而不用在意沙子和周围环境的变化。但是，如果把这些沙子换成有植物和动物的沙丘，并且能够改变风和水流的方向，那么这些沙子就变成了一个系统。正是出现在沙丘上的这些生命，才使得这个沙丘与众不同。

从这一层面出发，一个人，无论身处家庭、公司，还是社会之中，所形成的都不是单纯的群体，而是形成了生命系统。通过人与人的互动，每个人都能够做到原本作为个体做不到的事情。例如，我们可以看到，个人在家庭关系中所做的一切都会对其他人产生影响。如果我们真的关心这个系统的福祉，我们自然也会考虑家庭中的其他人。如果我们不认真对待家庭关系，那么早餐桌前、商务旅行乃至家庭晚餐之间的日常生活，在某个时刻都会变得不甚和谐。

即便你在绝对与世隔绝的情况下进入一片森林，你也会很快意识到，如果想在那里生存下去，了解那里的生物和植物是至关重要的。因此，德国物理学家和认识论者汉斯·彼得·迪尔说，在生命系统中，我们应当重点关注系统的参与者。而在有人类存在的系统中，更值得讨论的是"影响"。不论我们是否愿意，我们对彼此都会产生影响。我们的行为会影响系统，并促使其做出相应的反应，同时，我们每个人也会用自己的行为去影响同伴。

不妨一试。

不如今天，就用一种感兴趣以及更加平易近人的方式对你所遇到的一切做出反应？甚至可以在社交媒体上，把"你疯了"这样的话换作"我从来没从这个角度想过，快跟我说说更多关于它的事情"！接着你就可以观察效果如何了。即便你可能和对方没有什么共同点，也没有什么相似的共同经历——这也可能会对你一整天的反应和经历产生影响。

换言之：良好的幽默感和礼貌的行为，与坏心情一样，都具有传染性。好的经历构筑了我们的所谓现实，坏的遭遇同样如此。这也就意味着，是我们对这个世界的看法在一定程度上决定了这个世界的状况。因为它决定了我们如何对这个世界做出反应、理解世界、塑造世界。这种认知孕育了良机，在其中暗藏着改变社会系统的方法。

让我们审视一下常见的因果关系概念。我们都非常喜欢这样的想法：那就是我们做了一些事，就能够达到我们想要的结果——简单地发现问题、解决问题。想要拯救塔纳兰的学生们就是这么做的。他们的思维是还原性的，这就意味着，他们把事情简单化，而忽略了其复杂性和相互之间的关系。最重要的是，他们只专注于一件事：那就是找到一个所谓的解决方案。这种思维方式在当下特别流行，因为我们正身处一个业绩为上的竞争性社会中，那些能够提出简单快速解决方案的人往往占据着优势，在外人看来，他们比其他人更加优秀。汉斯·彼得·迪尔写道："我们不断被野心驱使，希望能把更大的世界握在手中。这解释了为什么竞争和竞争性思维成了我们这个时代的主旋律。竞争意味着我们必须比其他人更快，我们奔跑的方向都是次要的，最重要的是我们得先到达终点。"不幸的是，通过这种方法，我们通常只能解决个别表面问题，而找不到问题的根源。而且，正如塔纳兰和彼得湖这两个案例所表明的那样，在一个复杂的系统中，我们永远不可能只做一件事，而对其他事物毫无影响。每一个干预措施总会产生多重影响，其中的一些也许并不是我们想要的。这可以说是老生常谈了。当然，人体也是一个复杂的系统，我们服用的每一种药物都代表着一种干预因素，会影响到所有而不是单一的元素。如果我们因支气管炎而服用抗生素，那抗生素不仅会杀死导致我们患上支气管炎的细菌，还会杀死维系我们身体免疫系统的肠道菌群。如果因为抗生素的疗效比较好，即便只是轻微的喉咙痛也服用抗生素，那从长远来看，细菌就可能产生抗药性，后果就是在下一次患支气管炎时，同样的药物将不再起作用。因而，很多东西的作用并非始终如一：联合国环境规划署在 2017 年宣布迅速增长的抗生素耐药性已成为全球性威胁，这样的说法自有其原因所在。

如果我们想把一个系统维持在理想状态，或者与之相反，想改变一个系统，我们就必须尽可能准确地了解它的结构，以及其中的各个部分是如何相互联系的，这也是我们所说的事物三重特征的第一个。只有这样，我们才能了解是什么让系统得以运转，以及哪些部分之间存在何种联系——这些元素可以是彼得湖和保罗湖中的鱼、水蚤和藻类，也可以是细菌、资源、人、金钱或其他任何信息。如果我们过多地降低一个系统中干预元素的复杂性，不仅会导致我们忽视重要的原因，还会让我们忽视同样重要的影响。这就是为什么我们需要对问题的理解及影响问题因素的选择保持质疑态度，因为这对我们是有帮助的。

斯蒂芬·卡彭特通过实验，不仅想了解一个问题如何变得如此糟糕，以至于整个系统覆变，他还想找出是否有可能提前预测一个系统何时会达到覆变的临界点。为了实现这一目的，他在实验中努力寻找那些能够及时让他知道湖水即将发生改变的线索。

是否有什么迹象，预示着变化的发生？

使天平发生倾斜的到底是哪种鱼？

在进行彼得湖实验前不久，卡彭特在一次会议后与同样研究变化的同事一同座谈。其中一位是生态学家，他正在研究一种会对森林造成周期性巨大破坏力的毛虫。每隔几年，这些毛虫似乎就会突然爆炸性繁殖。它们吞噬了数公顷的树木，而这种爆炸性的数量增长是无法预见的。唯一表明森林中某一地区即将暴发的迹象是，在暴发前不久，森林中某些地区会突然出现非常多的毛虫，而其他地区则非常少。这与卡彭特在彼得湖观察到的情况十分相似——在湖水发生变化的几天前，鱼群突然不再均匀分布，而是非常不规则地分布在湖中。有些鱼笼里有很多鱼，有些则非常少。

这两位科学家都无法解释这样的行为模式。但坐在桌旁的一位商业数学家一直在仔细倾听，并介绍了一种有趣的现象，叫作临界减速。这一现象经常出现在接近所谓临界点的系统当中。在这一阶段，系统通常需要更长的时间，以在受到干扰后再次实现稳定，并试图恢复到原有平衡。接着，系统会需要一个新的平衡点，如果在旧模式下这一点难以实现，那系统就需要进行结构性改变——转型。

临界减速的模式对许多领域的研究都具有指导意义，社会转型也包括在内。苏格兰人类学家维克多·特纳（Victor Turner）甚至在它们被命名为"边缘期"（liminality）之前，就将其描述为"不再继续"（原有模式）和"还未发生"（模式转变）之间的时间。在这种情况下，一切事物都处在"既不是这样也不是那样"的状态，同时也处在"既是这样又是那样"的状态。而意大利哲学家和政治经济学家安东尼奥·葛兰西（Antonio Gramsci）则称之为"中间期"，一种介于两者之间的时间，在这段时期内，"旧的事物消亡，而新事物还未诞生"。

这不正是我们目前所处的情境吗?

注意到系统在发生根本性变化之前显示出关键性的临界减速是非常重要的,因为这一现象能发挥一种类似于早期预警系统的作用。如果异常事件不断累加,数值的极端波动增加,这表明系统已经非常接近临界点。而在这一时刻,事情会比任何其他时刻都更容易发生意外变动。也许就在突然之间,不久前似乎还无法想象的事情就化为了可能。

这样的案例不仅在塔纳兰的灌溉渠和彼得湖及保罗湖中可以看到,也可以在人类与整个地球的相互影响中看到。

2008 年,由瑞典气候研究员约翰·洛克斯特罗姆(Johan Rockström)领导的小组提出了"行星边界"的概念。这个概念很快得到了科学界内外人士的认可,使其不仅在地球系统研究中成为重要的参考理念,更是成了国际可持续发展讨论中的关键概念。在这个系统中,研究人员定义了 9 个子区域,而它们彼此间相互关联。它们中的每一个都对地球上的生命至关重要,是人类赖以生存的基础。

除了气候,这些子领域还包括海洋状况、淡水数量、生物多样性以及植被覆盖面积。但这其中也包括一些我们较少听闻的东西,如生物圈中的氮磷循环,这对地球上的所有生物都十分重要。没有氮、磷以及它们的化合物,就没有孕育和生长可言,这也就是为什么它们在农业中被用作化肥。而当它们被大量使用时,就会通过河流进入海洋,并引起藻类大量繁殖,耗尽水中的氧气并创造出巨大的死亡区——在这些区域内生命几乎不可能存在。2019 年，在世界海洋中已经发现了 700 个这样的死亡区，这一数字在 10 年内几乎翻了一番。

针对每一个子区域，研究人员的问题都很简单，那就是自然界循环的绝对性、无商量余地的极限何在？在这一范畴内，人类能够自由进行干涉，而不用担心整个地球系统的结构平衡被打破。

换种更简单的说法：在我们如今习以为常的生态系统被彻底颠覆之前，地球的气温还能继续升高多少？还有多少动物和植物物种能被灭绝，还有多少森林可以被砍伐，还有多少淡水可以被消耗，还有多少海洋可以被污染？事实证明，留给我们的余地已然不多。

如今，我们在 9 个子系统中的 5 个已经突破了行星边界，从而离开了安全的操作空间，由约翰·洛克斯特罗姆领导的研究人员将这一空间称为人类可以进行优质安全生活的区域。这 5 个系统包括气候、生物多样性、氮磷平衡、土地使用，以及"将新的实体引入生物圈"，包括塑料和其他化学品的污染。在每一种情况下，受影响的子系统都承受着越来越大甚至极高的风险，因为它们现在非常脆弱，无法再自行缓冲人类的干预。根据研究人员的说法，如果我们想防止这些系统崩溃，就迫切需要改变我们的生活、商业和消费方式——并且留给我们的时间已经不多了。否则，一个不稳定的过程就会不可逆地开启。最终，这将导向一个结构完全不同的新系统。

当我们在下一章中读到三重特征中的时间动态时，其意思与此前多次提到的临界点的隐喻大致一样。从一个系统的网络结构来看，我们已经可以看到通过同样的网络式思维，思考如何去避开临界点的策略以及解决问题的重要性。如果我们把问题定义得太小，也就是太过笼统，我们就会错过某些重点。而这样的话，系统很可能又会出状况。

让我们来看看流动性的问题。目前，我们可能认为，如果将来能够用电力代替柴油或汽油来驾驶汽车，那我们就离拯救世界更近了一步。为了实现真正减缓气候变化的目标（事物三重特征中的第三个特点），我们正在研究不再使用来自燃煤电厂的电力。然而，为了实现这一目标，我们就不得不安装更多的风力发电机和太阳能电池板。为了建造这些设施，我们就需要大量的铁矿石、铜、铝矾土和所谓的稀土，而这些材料都必须由同样使用绿色电力的机器开采运输，这样我们才不会再次加剧气候变化。虽然这并非不可能之事，但为了开采这些矿石，我们将不得不砍伐森林、侵占耕地或排干沼泽——所有这些都是二氧化碳的天然储存库，而我们正试图从技术上限制二氧化碳的排放。我们在"行星边界"的概念中已经了解到，矿石开采会破坏水循环、生物多样性和生物栖息地，从而给地球系统的其他部分增加压力。虽然太阳能、风能及水能是可再生能源，并且不生产二氧化碳，但这并不自动适用于采集能源时所需要的硬件条件，也不适用所有电动汽车、电池和充电点等设备的生产。如果我们想全面评估电动汽车对交通转型和气候保护的价值，我们就不能只看它们眼下减少的排放量。我们还必须评估一下生产这些汽车和新的能源基础设施会产生的排放和环境负荷，这些都是全覆盖的真实资产负债表中的一部分。

如果只是简单地用电动发动机取代现在汽车中的内燃机，这就和类似于塔纳兰的研究者迪特里希·德尔纳所说的"过分高估眼下动机"的情况类似。这也就意味着把太多的注意力集中在看似最紧迫的问题上——在电动汽车的例子中，那就是将温室气体排放清零。这是一个典型的治标不治本的案例。所谓的"不治本"会体现在其他后果上：更多的电动汽车不会在城市中为骑行者和行人创造更多空间，也不会创造出新的公园和绿地。交通堵塞依然存在，而现在建造更多道路和停车位的压力甚至比以往更大。城市的吸引力不会再增加，人们会继续搬到城市周边地区，因此通勤距离也会陡增。简而言之，我们虽然再次解决了一个问题，但同时创造或加剧了其他许多问题。

例如，无论是交通转型速度减缓，还是开发电动汽车，都表明我们常常过早地停止思考何为我们真正想要解决的根本问题，以及我们想通过加大投入和创新来实现的长期目标何在。

我们是否希望通过不断增加汽车数量以维系传统的交通结构——为了实现这样的目标，又要付出怎样的代价？

又或者我们希望保持现有的汽车数量，并创造新的结构，同时解决尽可能多的问题？

如果是这样，这就不是关于汽车及其基础设施的问题，而是关于可依赖的、个人的以及可持续的流动方式的问题。问题关键就在于存在流动需求，以及如何在尽可能少的副作用下实现这些需求。同样重要的是，要找出我们为什么想要实施这样的流动。因为从长远来看，没有人喜欢通勤。回应这些需求的城市和空间规划、无人驾驶班车、欧洲快速列车和夜间列车，甚至包括减少工作时间和家政服务，将是舒缓交通压力或者让更多人选择自行车等替代交通工具的不同策略，因为它们的价格低廉。根据瑞典隆德大学的一项研究，汽车每行驶 1 千米，整个社会就要为其支付 27 美分（约合人民币 1.9 元）。这并不是指司机自己支付的燃料费，而是指道路维护、汽车维修以及事故、噪声和空气污染所造成的损失。这些成本同样由我们这些不开车的人共同承担。反过来说，每骑自行车 1 千米，就为社会节省了 30 美分（约合人民币 2.1 元），这不仅是因为汽车造成的大部分成本不复存在了，也因为骑自行车更健康，可以预防疾病，否则这些疾病的治疗费用也要由社会来承担。

人们总是在问，投资一个完全不同的未来需要花多少钱，却没有认识到，让事物维持现状的代价正变得越来越大。维持现状可能才是一个真正的钱坑。

单单是开发电动汽车就清楚地表明，我们需要进行的变革远不止于技术革新，更不仅是用一种发动机去取代另一种发动机。这是一种更为深入的变革，必须聚焦于调和社会、环境和经济目标。我们正在着手进行一种以文化为核心的转型。坦白说，它关系到我们未来的生活方式，以及我们希望在未来成为什么样的人。这听起来是一个很棘手的问题，但它有助于我们回顾社会系统迄今为止所遵循的目标。在不确定的阶段，在变革期，指引我们方向的北极星应当正是这个高于一切的目标。

你觉得这个问题很玄乎？但这恰恰是经济模式的出发点，也是国家的最终目标：为最多的人带来最大的幸福，或者准确地说，即人民的福祉。如果我们生活的环境发生了根本性的变化，那么实现这些目标的手段也将不得不发生相应的巨变。当然，在具体实施过程中会有不确定因素、阻力、分配问题，也会存在争议。这些都并不奇怪，完全正常。

但我们的社会不是已经被新出现的动荡给压垮了吗？如果压力继续上升，阻力不是注定会增加吗？

首先，从系统的角度来看，对变革的抵制只标志着这个系统是强大且稳定的。各个部分的相互作用以及它们之间的关系都是为了维系系统自身。只是这种相互作用总是适应性的，也就是说，它会随着时间的推移而改变。因此，如果系统的某部分遭遇过大阻力，就会导致整个系统的弹性下降。将这种情况放到社会上来说，也就意味着并不是每个人都能立刻且轻易地适应变革，而不会感到担心。此外，事物总是存在多种可能的发展方向。因此，就问题达成一致且认知合理是一个很有必要的先决条件，它能在间歇期中催生新的认知，从而使得更多人支持新事物。

因此，为了正确地理解问题，我们应该避免"万事通"或者主导文化——我将在本书的第二部分更详细地讨论这一点。为了在动荡时期找到一个好的方向，我们希望能够找到问题的根源所在。而关于如何做到这一点，举例而言，蹒跚学步的儿童就给了我们答案。他们不断地问"为什么"，直到真正理解了某件事情。他们不断地询问，直到洞察了某件事情。类似于"真的是这样吗"，这样的问题正是通往创新的直接途径。至少对我来说，当项目管理、指责、按部就班或滥用权力等问题出现时，这种幼儿的天真烂漫反而会有所帮助。

如果我们以一种提高生活和人际交往质量，以及安全、健康和充满生物多样性的方式来重构城市中心，而不是仅仅将它们导向顺畅的交通，这将是一件一举两得的事情。通过把对系统中单一元素的关注扩展到对所有事物的关注，我们将把一个造成多重问题的发展，转变为一个带来多重改善的发展。

在这种情况下，我们还会说要放弃汽车吗？又或者，我们会觉得根本不需要拥有一辆昂贵的、资源密集型的、每天大部分时间都闲置在路上的汽车？

从多重危机到多重解决——这就是系统性思维为我们开

拓的视野。

"这一切到底是为何？"在思考这个问题时，我们的视线就会从眼下移开，转而投向源头和联系。接着，我们可能会减少谈论放弃与禁止，而更多地谈论承担、能力、调解、行动和沟通。然后，全新的想法和联系会出现。我们将不会再看到恶性循环的周期和互相推卸责任，切身感受到节奏的变化。

我们的现实是由复杂的系统构成的，这些系统在自身内部互相联系，在系统与系统之间也同样互相联系。如果我们想实现可持续的变革，而不是与不良现象缠斗，我们就不能仅仅只是替换掉这些系统中的个别部分，而必须了解系统之间的相互关系。我们要从一点出发，那就是弄清楚哪一个问题才是真正需要解决的，解决问题的形式又是什么。在这一过程中，我们还必须考虑到意料之外的副作用。记住：如果某件事看起来会向恶性循环发展，那么有时症结并不在细节中，而是在这整个系统之上。

动态——小事如何发展成大事？

> 当人们在讨论世界末日时，必须考虑的一点是：什么是世界呢？这是一个很难作答的问题。在任何情况下，世界末日都并不意味着所有世界的终结。它的关键其实在于：它结束了一个世界，同时也开启了一个新世界。
>
> ——罗伯特·福尔杰（Robert Folger），启示录学者

对于户外音乐会或节庆活动而言，峡谷露天剧场可以说是美国国内最壮观的场地之一了。该场地位于峡谷上方的小山丘上，哥伦比亚河穿流而过。换句话说，观众相当于同时享受着两个舞台：乐队在较小的舞台上表演，而在身后的大舞台上则上演着自然风景。在这样的背景下，2009 年 5 月大脚野人音乐节的一位游客不经意间录制了一段视频，这一视频而后在管理研讨会和科学讲座上轮番被播放——因为它很好地展示了社会系统达到临界点时的情况。

视频中，一个年轻人，只穿着一条短裤，正在自顾自地跳舞。舞台上放着一首名为《势不可挡》（Unstoppable）的歌曲，节拍粗糙，而音乐节似乎正进入了一个相当安静的阶

段。至少我们能看到，其他客人都坐着或躺在草地上，疲惫地看着风景，而他们中间的那个年轻人，手脚则在忘乎所以地随着音乐摆动。过了一会儿，第二个男人加入了他，跳得更加不拘一格。当又一个人加入他们时，整个场景看起来就像往常的节日庆典一样，除了你不知道自己是否像那里的人一样晒了很久的太阳。但随后，令人惊讶的事情发生了。

在几秒内，越来越多的人加入了舞者的行列。先是 5 个，然后是 10 个，接着你就再也数不过来了。人们从各个地方涌来，他们奔跑着，仿佛可能会错过什么一样，迅速融入人群的欢呼声中，人潮很快就充满了整个相机画面。现在，几乎没有人还留在草地上，每个人看起来都想在歌曲结束前赶到，就像魔法一样，人们被吸引到一个不久前舞者还在独自跳舞的地方，而现在，在人群中已经看不到舞者的身影了。在不到一分钟的时间里，情况已经完全不同。前一分钟还疲惫不已的人群，后一分钟就开始舞蹈、跳跃和欢呼。

这就是一个临界点。

临界点的现象描述了一种互动，正是通过这种互动，最初杂乱无章的个人行为演变成了集体行动。当在看似独立和不相干的运动中，出现可辨认的较强波动时，就会出现这种情况。这里的决定性因素并不是参与这一结果的个人是否从一开始就打算让事情变成这样。没有人知道加入第一个舞者的人是否希望，到最后几乎所有人都会沉醉其中——或者只有他们自己才知道。重要的是整个系统发生了怎样的变化。

当一个系统达到一个临界点时，它的状态和发展模式都会发生变化——这一点很重要——这一变化不是均匀的，而是无规律、不可预测的。一个舞者带动了第二个人、然后是第三个人……以此类推，直到达到一个关键的临界点后，舞蹈不再显得离经叛道，而是成了正常的行为。

我也是在一个关于领导力的研讨会上才第一次看到这个跳舞视频。重点并不是特定的方法或公式，用于一个人向另一个人展示应该怎么做。重点是要理解为什么在一个系统中要实现变革，不仅是规定而是要付诸行动，就需要很多人有共同的信念。对这一点具有决定性意义的，不仅是人们眼中第一个跳舞的人，还有第一个加入的人，正是第一位追随者向其他人展示了如何去追随。只有拥有了追随者，才能使那些勇敢尝试新事物的人成为领导者，否则，他们就仍然是疯狂的怪人。

但如果越来越多的人参与新的潮流，就会对其他人产生吸引力，人们感觉自己是个怪胎的风险也会降低。这种动态的运作方式，从音乐会视频的例子中可以看得很明晰。一旦赶上了潮流，人们的心情就从放松转变为了狂喜——系统就此进入一个完全不同的新状态。这就是为什么临界点也被称作质变点。

临界点这个词是 1971 年由美国经济学家托马斯·谢林（Thomas Schelling）提出的，当时他试图科学地解释，为什么一个在社区中占多数的人口群体却会由于其他群体的迁入，而在某一时刻开始迁出这个社区——即使他们仍然在社区中占据多数。他的案例是关于美国黑人和白人的，但我们同样也可以在其他区别性特征中观察到这种效应，如收入或政治态度，而且这一效应也不仅局限于居住社区。不论在何种情况下，一个明显少于多数人的群体都足以改变整个局面。

自此近 30 年后，加拿大科学记者马尔科姆·格拉德威尔（Malcolm Gladwell）出版了一本关于这一现象的书——《引爆点》（The Tipping Point），"临界点"一词才真正流行起来。在书中，他研究了某些想法、产品或行为如何能一下子引发一种不知从何而来的趋势，这种效果令人既惊讶又困惑。

他问自己，为什么有些餐馆在开业后不久就像有独家秘籍，几周内都座无虚席？为什么一档儿童教育节目《芝麻街》（Sesamstraße），却成为几代人收看的标志性电视节目？为什么"暇步士"（Hush Puppies），一个在 20 世纪 90 年代中期还被认为呆板的美国麂皮鞋品牌，突然出现在大设计师的 T 台上，并使濒临破产边缘的品牌的销售数字出现爆炸性增长？20 世纪 90 年代初时一直是全美犯罪率最高的纽约，怎么可能在短短 5 年内将犯罪率减少一半以上？难道真的是因为法院开始严厉惩罚如乘车逃票这样的小事吗？

格拉德威尔指出，有时看似正确的小事就足以引发真正的大转变，而这种想法正迎合了时代需求。21 世纪才刚刚开始，全球化正在加速。一批新成立的互联网创业公司涌入股市，将股价推升到前所未有的高度。那些抓住了关键时机的人就能一夜暴富，而不必再像过去那样逐步发展。成功和失败之间的区别显然不仅在于运气或努力工作，更在于一个人能否知道在何处何时应用哪种杠杆，如何以最小的努力达到最大的效果。随着临界点的出现，人类似乎在千禧年之初发现了这个决定性的节点。

仅仅几年后，德国气象研究人员汉斯·约阿希姆·谢尔胡伯（Hans Joachim Schellnhuber）将这一术语应用于气候。与其他一些研究人员一样，谢尔胡伯不相信人类在地球气候系统中引发的变化仍会像此前那样逐步发生。相反，他假设气候系统中的一些元素，在某一时刻之后会对全球变暖做出非常敏感的反应——或者说，会出人意料地改变它们的状态。这些元素包括格陵兰岛和南极洲的大冰层、亚马孙雨林、澳大利亚附近的大堡礁等珊瑚礁、亚洲的季风或者西伯利亚的永冻层。这其中的每一种元素都对稳定地球气候十分重要，就像器官对人体运作的重要性一样。如果这些元素中的一个产生剧变，就可能引发难以阻止的连锁反应。这一概念与之后在行星边界中出现的效应极为相似。

在短时间内，临界点一词的含义已经完全改变。在马尔科姆·格拉德威尔笔下，人类开始进入一个新世纪，临界点暗示了一个光明的未来；而在汉斯·约阿希姆·谢尔胡伯口中，临界点听起来更像是世界末日。无论是光明的未来，还是《圣经》中的灾难，临界点始终是这些现象的解释。

这难道不矛盾吗？

一点也不。

复杂的系统有临界点。在临界点之上，诸如节日庆典中如同往常一样的观众及看似长期稳定的气候，这些系统会不可逆地突变成另一种状态。首先，这一现象只是一个既定事实，并不存在好坏之分。它只表明了所谓事物三重特征中的第二个特征——当我们想要预测、平衡或加速变化时，我们就能观察到这一特征，那就是一个系统的时间动态。

如果我们深入观察时间动态这一特征，除了能看到一个系统当下相互联系的结构，还能看到其随时间推移的变化模式，即它在一段时间内是如何运作的。它的这一行为模式取决于这个系统需要何种资源，以及系统的存量（即它在某一时间点的容量）及其质量在使用过程中如何发展变化。我们从自己的日常家庭生活中就能很清楚地明白这一点：因为这是我们能够有意义地开展计划的唯一途径。对变化模式的观察能够告诉我们，为什么系统有时似乎会在很长一段时间内没有任何反应，接着又突然反应非常强烈——在假设系统具备了某些条件的情况下。

让我们把格陵兰冰原看作一个系统。格陵兰岛80%以上的面积都被冰雪覆盖，使其成为地球上仅次于南极洲的第二大永冻区。某些地方的冰层甚至厚达3千米。如果格陵兰冰原完全融化，那全世界的海平面高度将在几百年内上升约7米。但在很长一段时间内，大家都没预料到会发生这种情况，格陵兰冰原地系统似乎十分稳定。的确，虽然在夏季气温上升时，每年冰原都会损失些许质量，但是冬季的降雪弥补了损失的质量，从而构成一个增长－收缩的动态平衡。

自 2000 年以来，格陵兰岛夏季冰雪的融化量持续超过冬季的降雪量。二十多年来，受气候变化影响，格陵兰岛的夏季气温越来越高，冬季降雪也频频转为降雨，导致越来越多的地表露出，不再为冰雪覆盖。因而，一些行业开始考虑开发地下的石油与矿产资源。然而，更值得关注的其实是另一个效应，即与地表反射能力有关的"反照率"。冰雪覆盖时，明亮的地表能有效反射太阳辐射；一旦冰雪融化，深色地表露出，便会吸收太阳辐射，导致地面温度上升，进一步加快融化速度。

这样一个过程被称为反馈。

反馈同样能够描述一个系统各部分之间的关系。由于生命系统不是封闭的，反馈也包含了一个系统在处理输入时的方式——例如，在格陵兰冰原的案例中，由于气候变化导致的温度上升。如果系统的反馈放大了输入的影响，我们就会面对一个随着时间推移而加剧的趋势；如果反馈缓解了输入的影响，它们就有抑制作用，发展的趋势就被抵消了——在冰原的例子里，冬季的降雪就发挥了平衡的作用。

如果一个系统存在一个缓解或放大的双向反馈，那么元素之间的动态行为模式就会随着时间而改变，系统的状态也会随之改变。在冰原的例子中，正是放大的反馈导致了加速融化：只要冰川的冰层具有一定的厚度，从而使得冰川有一定高度，那么冰雪覆盖的很大一部分冰川就会高耸入云，到达更冷的空气层。然而冰川一旦融化，这部分冰川就会下沉到较温暖的空气层中，这就加速了它们的融化。然而，融化的水并不能像冰一样反射阳光，导致阻尼反馈减弱，冰川从而进一步升温，冰的流失速度越来越快。由于冰层很厚，这些变化可能在很长一段时间内都难以被注意到，因此存在一个巨大的缓冲区。但是，随着冰一吨一吨地流失，这个缓冲区会逐渐缩小，而冰川融化的进程则会通过反馈机制继续加速。从系统的角度出发，小变化本身不会造成巨大的差异，但小变化会不断累加，使事物的发展由从逐渐发展变为迅速发展，由一个线性的过程变为了非线性甚至是指数级的过程。而在某些时刻，哪怕是同样的输入都会得到完全不同的效果。一旦达到关键的临界减速期，所需要的甚至只是冰川再多一滴融化的冰水，或者彼得湖中再多出的一条鱼。这一模式还有一些令人兴奋的地方：整个系统的再生能力和吸收冲击能力的减弱，往往是由个别反馈作用的加速导致的。这些加速可以说是关键性的。适应过程突然变为颠覆性转变：此前系统中的缓冲部分消耗殆尽，系统发展的过程被永久性地破坏了。一旦发展趋势变为非线性，就不可能快速停止。因为一个复杂的系统并不存在可以使所有反馈效应立刻停止的暂停键，它们需要一定的制动距离来彻底停下。

对于这种情况，我们在大流行病中再熟悉不过了。某一时刻，流行病曲线会阶段性地飙升。突然间，新的感染人数、住院或死亡人数相较前一天都增加了很多。

这些是呈指数增长趋势并且趋势势头强劲的阶段，事物的发展趋势已经不可阻挡。即使立即中止这一进程，也不能使眼下的情况立即得到好转。那些已经被感染但还未出现症状的人之间仍会进行许多接触，这意味着他们还在继续进行病毒的传播、感染，但传染病曲线上的指数并不能直接体现这一点，然而，当下这部分的感染者，在几天后就会成为病患。感染的延迟发生，意味着即使我们将自己隔离起来，病毒感染的上升趋势在短时间内仍将继续存在。灾难往往发生在病症可以被直接可见之前。而且，即使我们随后采取措施补救，也需要一些时间才能将情况真正扭转。因此，在情况看起来还不是那么戏剧化，病毒传播仍处在可控范围内时，才是限制人群接触的正确时机。

这与气候变化的情况大抵相同。其中最大的区别在于，人们无法通过接种疫苗来应对气候变化。尽管有传言称，我们很快就能通过技术手段从大气中大量吸出二氧化碳了，但这种传言由来已久，尚无法确定其能否实现。然而，大规模减少二氧化碳排放的必要时间窗口期就在未来 8 到 10 年。因此，迅速利用现有的减排潜力十分重要，因为气候变化中的因果关系比大流行病中的因果关系拥有更长的周期，自然也需要更长的制动距离。

我们在上一章看到，由于复杂系统的相互关联性，其行为往往与我们的预期不同。在本章中，基于非线性动力学，我们还能了解到，在一个复杂系统中，甚至不一定会存在输入和输出之间的平衡关系。如果我们在某个时间点上做了很多改变，这也并不意味着很多东西会立即发生变化。而如果我们在某个时间点上很少进行干预，这也并不意味着系统由此发生的变化将是有限的。今天有效并不等同于明天也会有效，我们不能只是从过去出发妄断未来。

如果要从大流行病中吸取教训，那就是，无论在卫生系统还是经济方面，我们可以在短期内承受的病人数量确实越来越多了。但是如果是一段较长时期，又或者病人超过了一定数量，那我们的卫生系统与经济状况就无法缓解这一冲击了。在某一时候，治疗能力会耗尽。即便是在卫生系统工作的人，他们的缓冲能力也会在某个时候耗尽，如果不能有较长的时间充分再生，卫生系统也会在某个时刻面临崩溃。如果太多的人同时生病，那其他护理系统也会随之崩溃。

因此，从系统上处理危机，意味着要有预见性地行动，并学会在未来的发展中时刻注意并加以应对。这就是为什么系统研究人员不会试图去准确计算多少条鱼才会使彼得湖发生翻天覆地的变化。那样的计算必然是不可靠的，特别是当我们想展望遥远的未来，或者鱼的数量实在太多时，计算完全不起作用。那些研究行星边界的科学家们会观察趋势曲线的变化，并强烈建议在临界点真正到来之前就进行干预，但这样的干预也只能在有限范围内加以控制。

人类有能力预见未来，并思考替代方案。我们可以在所处理的全部进化发展中设定最理想的重点。有时，我们会实现突破；有时，我们能够阻止事物的崩溃。即便是后者，我们也应当为此庆祝。因此，如果下次有人和你说，所有悲观的预言都只是危言耸听：毕竟臭氧层的空洞又缩小了，酸雨也没有让森林完蛋，那就请你告诉他（她）有关预防的悖论：正是因为我们设置了重点，认真应对了令人担忧的趋势，禁止了氟氯化碳并引入了催化转换器，我们才能够通过早期行动来缓解气候的变化。如果没有这些对策，这一切就不会发生。

那格陵兰岛的冰层呢？如果我们不在这里设置必要的重点措施，将来会发生什么？这当然不意味着，后天格陵兰岛的冰层就会消失。然而，这确实意味着，一旦系统被推翻，格陵兰岛的融化过程在相当长一段时期内将无法停止。一些科学家认为，格陵兰岛冰层的临界点可能已经过去了。

是的，那么现在一切是不是都已经太晚了？

这是一个在公众辩论中会反复出现的问题。我也经常被问到这个问题。当人们听到关于我们的生活方式、经济和消费如何给生态系统带来压力的科学预测时，往往会感到绝望甚至恐慌。但我们每天也能够看到，世界的变化以及社会系统的反应是多么迅速。面对迫在眉睫的危险，人类一次又一次地展现出了无比的创造力、勇气和决心。这样的情况也有可能再次发生。

在谈到临界点及是否已经为时已晚这样的问题时，还有一点很重要：临界点的作用并不像开关那样，可以开启或关闭某种发展，就像世界末日的开启或关闭那样。

如果世界变暖 1.6 摄氏度或 1.7 摄氏度，超过 2015 年国际社会在巴黎达成共识的 1.5 摄氏度，气候变化的未来当然还未尘埃落定——对于人类的生活来说，这仍然比变暖 2 摄氏度、3 摄氏度、4 摄氏度或 5 摄氏度的世界更友好。这就是科学家们所说的，在全球变暖中，哪怕只有 0.1 摄氏度都有很重要的含义。稳定未来气候的转型议程并不会在某一个时间点上就突然失去了意义，其目的是扭转当下的破坏性趋势，并尽可能广泛地维护人类的供应安全。因此，科学预测的影响不仅要以是否准确预测了即将发生之事来衡量，其衡量标准还应包括这一预测在多大程度上影响和改变了那些决定未来是否会发生的人——也就是我们所有人——的理解。

我们把当前文明的基础，也就是化石燃料的使用作为一个复杂的社会系统来看待。这个系统迄今已有二百年历史，它的出现伴随着工业化——或者说工业化是与其一道出现的——并且在很长一段时间里，对全体人类而言，这一系统都运转良好。事实上，当今世界的繁荣几乎完全基于这样一个事实，那就是我们从煤炭、石油和天然气中获取了所谓的廉价能源。事实上，如今世界上几乎所有的国家，无论其政治和经济状况如何不同，都是这个系统的一部分，因为化石燃料的使用似乎只会带来好处。直到 20 世纪 70 年代，人们都很难想象除了局部的污染，化石燃料的使用还有什么其他缺点。化石燃料拥有着巨大优势，由煤炭、石油和天然气推动的全球经济增长令人印象深刻，也巩固了这个系统中赢家的权力，他们的成功似乎验证了这个系统的可行性。

关于潜在的气候变化威胁的研究受到了一些人的质疑，甚至是反对，但与此同时，他们也越来越难以否认气候变化预测的准确性。一些人开始思考，是否有可能为人类提供其他类型的能源。甚至有人质疑，人类对能源的需求是否真的必须不断增加。有一段时间，我们看似可以用技术手段去解决出现的问题。如果机器可以用更少的燃料获得相同甚至更多的能量，那就应该可以减缓全球变暖，挽救当下的系统，从而避免一场深层次的动荡。但这种设想如今已被推翻，因为全球变暖的基本趋势并没有发生改变。我们仍然在排放越来越多的二氧化碳，尽管机器的效率比先前高得多，但在未发生快速气候变化的情况下，大气层所能吸收的二氧化碳总量是有限的。这就是为什么，接下来的十年对未来至关重要。

这种认知正慢慢变得深入人心，使用化石燃料的这套系统失去了合法性，变革的时机就此诞生。

变革的时机已经成熟——从不同角度来看，关键的临界减速也正是革新的最佳时刻。在管理学文献中，一个公司，甚至一个国家为突破过时的结构所做的战略准备，也被称作系统准备。针对可持续发展转型的研究涉及"解锁"的概念，也就是当一系列条件在加速有害趋势时，需要对社会框架条件进行前瞻性改变。无论有无准备，像间歇期所描述的那种动荡并不停留在那些结构深奥、涵盖整个世界的系统之上。

当然，仅仅是第一个证明化石能源使地球大气层升温的研究，并不会导致像联合国政府间气候变化专门委员会（IPCC）那样的永久性气候理事会的建立。也许在第一百项研究之后理事会才会成立，但这并不意味着第一项研究没那么重要。这背后其实有很多科学家、有国际会议，还有各国在会上就具体的气候目标达成一致。此外，还有绿色政党的兴起，以及，我们也不应忘记那些先驱者、工程师和企业家，是他们验证了我们也可以通过风能和太阳能获取能源，证明了替代方案在未来的可行性。最后，还有社交媒体的兴起，通过它，现在科学信息的传播速度与大型示威活动的口号一样快。许多变化可能还不够充分或快速，但与此同时，我们决不能忽视这样一个事实，那就是在过去的三十年里发生了很多令人难以置信的事情，去碳化是一个决定性的项目，它有具体的时间表，各国政府对时间进度负责。毕竟，它现在被认为是未来的一个重要项目，并被写入了总体战略中，比如欧盟委员会的绿色协议。

这些变化本身都不够强大，但它们的共同作用，使化石能源系统为一次根本性的转变做好了准备。我们呼吁"系统变革"，即全面改变我们的社会运行系统。这样，我们在生态系统中的输入和输出就可以重新找到平衡，也不会经历过分激烈的变化。

生态问题不是一个"绿色"问题或"软"问题，而是地球上生物生命的本质。我们可以清楚地看到，切断能源、水和食物的可靠供应，就好比是向人类的和平和健康发展发射鱼雷。当生态系统不再稳定再生时，这种情况可能通过战争行为或自然过程发生。因此，在应对类似于这场战争造成的破坏性冲击时，忽视这些趋势的长远发展并不是特别明智。无论是气候目标，还是生物多样性目标，都刻不容缓了。仅仅是喊口号，无法挽救生态系统。

没有变化是凭空而来的。我们每一个人的行为，都不会孤立于之前发生之事或者他人所做之事。当有人试图告诉你，你所做的事情不会改变大局，因为你太渺小、太微不足道或做的事太少时，请记住这一点。对于工厂化养殖来说，你是否吃有机肉并不重要。对于海洋的垃圾来说，你是否停止购买塑料制品并不重要。对于民主来说，你是否投票并不重要。此外，一个孩子对未来的看法并不重要，但他们有能力做出改变。例如，节约能源，并以此表明接受人类生存所依赖的科学和技术基础。鼓励政治家，让他们认识到这种要求不是生态独裁者的强加，而只是现实政治。

美国环境活动家保罗·霍肯（Paul Hawken）曾这样说："当被问及我对未来是悲观还是乐观时，我的回答总是一样的。如果你看了科学证据……而你却不悲观，那就说明你并不理解这些数据。但是当你遇到那些致力于使这个地球恢复原貌的人……，你却仍不乐观的话，那他们就失去行动的动力了。"

所以不要被愚弄。当一种情况不再对你有说服力，或者另一种情况格外吸引你时，你就要采取行动。成为一个积极的代理人。谈谈你自己的想法和经验，谈谈你的动机和对未来的愿望。也要谈谈你的困惑——当然最好是以友好的方式。因为现实源自我们所有人的共同努力。

临界点是系统发生根本性变化的时刻。说它是好是坏，都不过是一个规范性的论断。对于人们赖以生存的生态系统，我们应该不惜一切代价避免其达到临界点。但对于使得我们远离可持续发展世界的人造系统，我们可以利用对临界点的了解来加速它们的改变。记住：即使你没能马上注意到，但随着时间的推移，每一步都会产生变化，如果在正确的时刻采取行动，甚至可以迅速产生巨大影响。

目的——这一切究竟是为了什么?

> 神话拥有非凡的力量。叙事承载着我们的灵魂,催生了我们的精神世界,塑造了我们的社会对话。它们赋予政治权力合法性,加固了社会契约的纽带。……神话时而助益,时而蔽损。
>
> ——蒂姆·杰克逊(Tim Jackson),经济学家

汉斯-迪特里希·雷克豪斯(Hans-Dietrich Reckhaus)父母的公司在德国比勒费尔德,已经生产了40年的家用杀虫剂,当他接管父母的公司时,并没有打算颠覆整个行业,至少起初他并无此意。他在瑞士顶尖商学院圣加仑大学攻读企业管理学士学位,还在哈佛大学交流学习了一个学期,并获得了博士学位。不过,在他父亲眼里,这些对于事业而言都可有可无。实际上,雷克豪斯对艺术、科学和文学的兴趣要远远超过对捕蝇器、防蛀纸和杀蚂蚁剂的关注,但他十分清楚自己将来会接手父母的企业。20世纪90年代中期,他终于接手了公司,但他不想倾注所有精力,而是想留一些时间用以写作和阅读。但他错了。

作为公司老板,雷克豪斯具备非凡的商业眼光。不久

之后，他的杀虫剂不仅供应给小型专业零售商，还开始进军大型超市和药店，这些商家将他的产品以自己的品牌名义销售。他公司的年销售额达 2500 万欧元，员工人数也达到了60 人。就在这时，雷克豪斯想到了一种新型的捕蝇器。这种捕蝇器有一片彩色的圆盘，可以遮挡丑陋的粘蝇板。彼时市场上还没有类似的产品。雷克豪斯立即为这个创意申请了专利，这是他公司有史以来的第一个专利。他对这个新产品寄予厚望，并计划以自己的名字作为品牌名推出。但他需要一场别开生面的宣传活动来推广这款捕蝇器。

由于公司规模不大，广告预算也相对有限，所以他向两位他很喜欢的瑞士行为艺术家寻求建议。弗兰克·里克林（Frank Riklin）和帕特里克·里克林（Patrik Riklin）是一对双胞胎兄弟，多年前，他们曾将圣加伦附近的一个地堡改造成一个多功能艺术项目，并以"零星酒店"（Null Stern Hotel）的名字开门营业。也许他们能为捕蝇器的推广提供一些独到的灵感，雷克豪斯满怀期待地来到瑞士，向两位艺术家介绍了他的发明和其中蕴含的商业潜力。然而，现实却令他大失所望，两位艺术家对他的发明并不感兴趣。

"你的产品真是糟糕透顶"，他们说道，"一只苍蝇能给你带来多大的价值？与其夺去昆虫的生命，还不如去拯救他们。"

这两位艺术家建议雷克豪斯开发一种类似猫门的装置，将苍蝇活捉起来，然后再将它们放生到室外。不过雷克豪斯对此毫无兴趣。他需要为他的捕蝇器设计宣传活动，而不是为苍蝇门。然而，当他回到家里，艺术家的提议却久久萦绕在他的脑海中。

如果他们是对的呢？

如果他设计的产品对物种造成了伤害怎么办？

如果他所做的事是错误的呢？

彼时是 2011 年的夏天，虽然昆虫灭绝的现象时有发生，但最多只有专业领域才会注意到，在社会舆论中，这个话题还远未成为热点，直到 2017 年才引起了广泛关注。而几年之后，巴伐利亚州才会发起首个全州性的保护生物多样性人民动议。雷克豪斯不知道自己的产品是否真的对物种造成了伤害，如果造成了伤害，又是在哪些方面。他找不到任何相关研究，可以告诉他每年有多少昆虫死于他公司的捕蝇器、驱蛾纸、杀虫喷雾和蚂蚁毒饵，也不知道这些昆虫对大自然甚至人类有什么价值。但每年都有数亿只昆虫因此死去，已是不争的事实。

即便如此，他有必要关心这件事吗？

他不就只是一个企业家吗？顾客不就是上帝吗？如果顾客想杀虫，不就应该向他们提供经济高效的解决方案吗？他所获得的利润不就证明了他是对的吗？如果他不再生产这些产品，那其他人难道就不生产了吗？

雷克豪斯原本期望，与两位瑞士艺术家的会面能为他的广告营销带来新的灵感，而非触发一种全新生活的理念。然而，现实却与之相反。这次会面动摇了他作为一名商人所秉持的某些核心理念，重新定义了他的思维和行动的意义和方向。

简而言之，这质疑了他所处的系统的目的。

一个系统的目的或目标——也就是系统三特征的第三个特征——可以帮助我们理解为什么系统变革进展如此缓慢且充满阻力。根据德内拉·梅多斯对系统的定义，系统的目的就是系统所要实现的目标，这既是系统的核心，也是其追求的方向。而人工构建的系统在何种程度上实现了这一目标，将决定其合理性、可信性和正当性。

一般来讲，公司的目的是通过销售尽可能多的商品或服务来实现利润的最大化。这一目的被认为是经济活动的核心并非毫无根据。最迟从 20 世纪 70 年代开始，在经济学家米尔顿·弗里德曼（Milton Friedman）的影响下，"商业的本质就是赢利"这一理念已经深入人心，由此人们更加相信，良好的企业发展与业绩会带来更多的利润。雷克豪斯也是秉持着这一理念经营着公司。

然而，在与这两位艺术家会面的 10 年后，雷克豪斯的经营理念发生了巨大的变化。起初，他对两位艺术家的批评十分不满，现在，他在产品包装的正面以醒目的方式警示客户，使用这些产品可能导致珍贵的昆虫灭绝。包装背面则详细介绍了各种昆虫的价值以及它们所面临的威胁，还提供了防止昆虫入户的实用建议。雷克豪斯认为，这些预防建议可以有效降低杀虫剂的市场规模。同时，他还从销售的产品中扣除一定金额，以补偿因他的产品而遭受屠戮的昆虫。他在产品货架上醒目地标注着"小心杀戮"的标志。最初，他想繁殖并放生数百万只昆虫，然而一位生物学家说服了他，相较之下，创建一个适合昆虫自然繁殖的栖息地更有意义。于是，雷克豪斯在公司天台上划立了一片区域，种植了 30 多种当地植物，以枯树枝与石头堆装点，创造了一片理想的昆虫栖息地。

雷克豪斯已经开始扭转自己的商业模式，不再仅限于追求能从自己所处的系统中获得的利益，而开始思考自己能为系统带来什么，以及自己的所作所为对系统造成的影响。他的理念可以用这样一句话来总结："昨日纵寻财富，志于公益之举；明日专注善行，财富浑然复来。"

卡特林·穆夫（Katrin Muff）和托马斯·戴利克－布伦辛格（Thomas Dyllick-Brenzinger）以"从由内而外到由外而内"描述了这种观点转变的现象。这两位科学家专攻管理与可持续发展领域，主要研究公司真正对可持续发展做出显著贡献的可行条件。很多时候，所谓的"可持续发展"只是一个空头口号，却也被喊了几十年。这些口号既非企业经营的目标，亦非衡量企业成功的标尺。因而，许多科学家都在为创造一个可持续发展的企业案例而努力：譬如提高资源利用效率不仅能带来经济回报，还可以树立负责人的品牌形象，赢得客户与员工的人心。即便如此，当前的进展还是无法扭转地球资源的消耗趋势。

企业所做的努力与整个经济体系中真正需要改进之处存在着巨大的"鸿沟"，这也是两位科学家想指明的观点。而在研究过程中，他们发现有两点与之密切相关。首先，微观层面（企业）和宏观层面（整个系统）的战略决策并未紧密交织。企业与整个社会的战略联系得不够紧密，且未能在社会中加以实践。在实践中，活动的结果是否与预设的目标相吻合这一问题似乎未得到应有重视。

此外，企业所谓的关键绩效指标（KPI），往往只涉及经济方面，并未纳入可持续发展的衡量标准。可见，人们总是更关注经济方面的指标，而可持续发展指标仅仅只是"锦上添花"而已。

简而言之，如果我们对社会与环境的损害并不会给我们带来任何代价，就不会被纳入业务考量范围。同样，如果资源供应稳定性、高素质人才及顾客购买力的缺失不会产生任何负面影响，便也会被企业忽视。企业应当明白，自身目标与自然环境之间存在着差异，而这种分歧的根源也许正是弗里德曼的理念。布伦辛格和穆夫对企业可持续发展的研究进入了新的阶段，他们得出了上述结论。在他们建立的模型中，这便是企业可持续发展 3.0 的理念。

如何摆脱与环境的"脱钩"？关键就在于重新"挂钩"。企业家应当扪心自问，如何才能为解决可持续发展问题贡献一份力量，答案是将社会效益、生态效益与经济效益平等视之。这便是"由外而内"这一观点的含义。也就是说，人们也会做一些事情，即使这些事情不能直接通过减少财务开支和风险来证明其合理性。而且，人们所做的事情远不止减少现有产品和当前商业模式所带来的生态和社会损害。企业可持续发展 3.0 是指重新配比知识、经验、资源与能力，在产出优质产品的同时，又能提供上乘服务，达到整个商业系统的可持续发展目标：企业的目的或目标应与社会发展的目的或目标相统一。

而这正是汉斯·迪特里希·雷克豪斯所努力的方向。他所获得的企业利润是否真的以牺牲社会资源为代价，这个问题被如实答复：杀虫剂的市场十分广大，昆虫数量正因此而大量缩减，失去平衡。如果我们不迅速扭转这一局势，它们在生态系统中的作用便会逐渐消失。及早运用"由外而内"的思考方式对我们大有裨益。倘若不再有昆虫为植物授粉，谁还会需要昆虫诱捕器？若是我们已经无法果腹，谁又会因剩下的几只苍蝇蚊子而烦扰。

雷克豪斯在现在的活动中多次阐述昆虫在人类社会中的重要作用：授粉、分解垃圾、养地肥田、生产纺织品、提供食物，甚至在医药与化学领域，都离不开昆虫。因而，很多公司与组织都可以通过雷克豪斯的公司去弥补自己对环境造成的损害。雷克豪斯将企业目标与社会目标重新"挂钩"的手段之一便是建立适宜昆虫的友好栖息地，在德国、奥地利和瑞士，都有该栖息地。所有提供补偿金且在产品上设有

"危害昆虫"标志的生产商都可以使用"尊重昆虫"的商品标志,该标志是雷克豪斯的公司与科学家们共同设立的。

当然,这些东西并非不费之惠。自推行以来,雷克豪斯的公司已经损失了四分之一的营业额与四分之三的利润。然而,想要公众注意到昆虫死亡率、雷克豪斯因他的想法获奖、大型零售集团发现这个问题并上架新产品,仍然任重道远。而他一直相信自己做的事情是正确的。他从未想过要抛售自己的生意,即使他再未被邀请参加行业大会,也从未想过放弃。相反,他想找出影响可持续发展的问题所在,以重新定义"成功",并重设公司的目标。为了达成这个新目标,他不惜投入公司的全部产品、知识、经验、资源与能力。

根据德内拉·梅多斯的定义,有一些杠杆点能够在系统中引发变革,而系统的目的或者目标是影响最为显著的。在此之上,便只有范式,即依据科学、道德信念与规范叙事建立的世界观,其实就是塑造和描述我们现实世界的故事。

故事,听起来像是讲给儿童听的东西。是某些人创造的,至少不是真实的东西。但我相信,所有的孩子都会立即反对这种观点。只要我们相信,故事便是真实的。

其实,我们所讲述的故事是与生俱来的。性别、肤色、国籍、出身和家庭塑造了我们对现实的看法。出身于印度孟买的贫民窟与北莱茵-威斯特法伦州梯田式住宅区的孩子是不同的。我们通过父母的讲述得知这个世界运行的规律,这影响了我们对待世界的方式。而此时的我们尚未意识到,这些故事也都是父母的父母告诉他们的。但这并不意味着，我们必须永远都是父母的孩子。我们可以改变这些故事，所有人都可以。我们加入自己的经验，以不同的方式去看待其他事物。这改变了我们对世界的看法。有时这种变化是潜移默化的，有时却需要巨大的冲击与危机来推动。这取决于故事对我们的意义。

而推动人们采取行动的故事——在社会科学中也称之为叙事——是深入了解社会发展深层驱动力的核心。它们创造了我们认为可能的未来空间与边界。由于我们今天的世界在很大程度上是我们昨天的洞察力和叙述的结果，而我们在这个世界中的经验则决定了我们对不同故事的认知——正确的、错误的、轻松的、有风险的、有说服力的或者不合理的，因而我们塑造未来的自由其实早已被确定，也就是说，其结构早已确立。在《讲故事的猿》（*Erzählende Affen*）一书中，两位传播学专家与政治评论家萨米拉·埃尔·瓦西尔（Samira El Ouassil）及弗里德曼·卡里格（Friedemann Karig）收集并分析了大约 500 页故事，这些故事极具影响力，塑造了我们自身与当前社会。"这些故事带着我们的潜意识穿透世界：原因、影响、联系以及我们鲜少意识到的困惑，在这些故事里却被三复斯言。"

如果金钱能够反映事物的真正价值，这便解释了低薪阶层创造的价值较少，且最终价值较低的原因——这是一个故事。自然界被人们分析理解得越发透彻，其只是一个可以被人类无条件拆解与掠夺的资源库，以达成自己的目的——这个想法也是一个故事。妇女是弱者，世界上某些文明不如其他文明先进，来自北半球的白人男性创造了所有文明中最优越的文明，这些也都是故事。它们越是被写下来，越是被不断重复，影响便越为深远。

因此，人们口口相传的那些故事逐渐成了礼仪与建构指令，并从中产生了我们的行为规范。在我们开发新产品与服务、规划合作与基础设施建设甚至创建商业模式时，它们都成了参考框架。

当然，我们在讲述故事时也不能忘记，创造世界的图像和故事的发展多少都有其他经过验证、具有差异化、可以被他人理解的形式。在近两年新涌现的一些讨论中，我们越来越明白，科学无法与想法画等号。其实在新冠疫情之前，我们就越发清楚地认识到，在变革时期，科学可能扮演一个既具有责任感又偶尔令人感激的角色，甚至可以说是必须扮演这样的角色。

随着时间的推移，我发现我越来越多地承担了一个"负面角色"，即在行业大会上宣布一些消极发现。最初，我不是很理解为什么公司的可持续发展部门要请一个外人来演讲，并告诉他们进程走向。毕竟，邀请方比我更熟悉行业或公司的具体情况，而我的研究方向是总体局势。但后来，我发现虽然以可持续发展为主题的活动已经有一段时间的历史了，然而以可持续发展为主题的年度大会仍是新兴事物。而且，一个行业积极而大张旗鼓地将气候和环境议题作为活动的焦点更是一种新的举措。毫无疑问，这一趋势成了一股强劲的势头，因此，企业们纷纷关注并努力成为那些紧跟潮流的公司。

以旅游业为例，旅游公司非常重视毛里求斯和其他岛国等热门目的地国家的情况，希望它们不会因海平面的上升而消失，也不会被越来越强、越来越频繁的暴风破坏。但毋庸置疑，尤其是旅行往返程导致了二氧化碳大量排放。相较于短途或长途飞行，选择较少且使用更环保的交通工具进行旅行会带来完全不同的结果。然而，尽管我们已经有这样的认识，当地航空公司的经营模式似乎并未因此而改变，对于这些公司的高层管理者来说，这并不是什么大问题。毕竟，他们的顾客们更愿意选择频繁的短途旅行，而不是选择更为可持续的旅游方式。那么，为什么不继续以"把德国每年出发的航班旅客人数提高四到六个百分点"作为常规增长的目标呢？即使 2019 年首次打破了这一趋势，并在机场协会的统计数据中发出了警示，他们仍然坚持要恢复到过去的常态之中。

这些公司希望通过一系列措施来解决可持续发展的问题，其中包括关于排放补偿和使用合成燃料的方案。在那一刻，我意识到了自己所扮演的角色。作为外部专家，我能够以合法的身份为首席执行官们提供关于未来发展的改进措施。公司里那些每天从事可持续发展相关工作的人再也无法容忍所宣称的目标与实际目标之间的出入。他们对待气候危机和可持续发展这一重大议题的态度，与把财务指标放在绝对优先考虑地位的做法差距太大。员工们感到自己被困在公司内部的巨大差距中，需要外界的帮助才能在财务和可持续发展的评估体系中发挥作用。作为一个局外人，我带来了关于排放补偿限制的科学研究，并分享了现有和发展中的合成燃料市场成熟度和数量的实际情况。首先，这些燃料必须是低碳生产的，并且其生产过程不能过度消耗水资源，这样它们才能成为可行的解决方案，而不是把问题转移了。其次，如果我们要实现气候目标，那么减少二氧化碳的排放量迫在眉睫。

对于可持续发展专家们而言，他们早已洞悉一个残酷的事实，却要么不敢言说，要么枉费口舌：自然科学所铺陈的发展前景与主流产业的故事背道而驰，那个通过科技进步不断扩大旅行者数量而不产生任何负面影响的美好愿景不可能实现。当现实与我们的幻想相背离时，即便我们早有行动之心，也将面临更加艰巨的挑战。

若我们想要了解为何放弃某些事物如此艰难，就必须深入探究今日系统中存在已久的目标。在此，以下问题或许能助我们一臂之力：是什么驱使着我们前行？这个问题与寻找问题根源类似——这一切的目的何在？我们也需在此深入研究，因为我们越是依赖某个具有驱动性的事物，其发挥作用的时间便越长，我们对其投资越多，就会变得越发固执。

这就是为何超越范式在德内拉·梅多斯的系统干预清单中位居至关重要的首位——当然，激励机制、标准和技术的协调也不可或缺。因为手段的设计必须以目的为中心，目标的决定力无可置疑。只要我们的目标仍由内在力驱动，那大脱节就将持续存在。因此，那些提出替代方案的人常常被迫为自己的观点奋力辩护，直到他们能够清晰感知旧有故事已无法有意义地解释现实。而在那一刻，这些故事开始动摇和崩溃，随之而来的便是以这些故事为基础的系统的瓦解。

这是一个跨时代的阶段。

这是一场颠覆性的变革。

而这场变革实际上世界各地都在发生。

突然之间，我们亲眼看见了全球范围内热浪、森林大火和洪水发生的频率剧增，这已不再是天气的小异，而是人为气候变化的关键迹象。

突然之间，像壳牌这样的石油公司以及德国政府都被告上法庭，因为它们制定的气候目标和措施不够有效，它们的行为对下一代造成了巨大的影响，甚至让后代无法过上与我们今天相当的生活。

突然之间，全球 130 个国家的政府突然计划实施针对国际大型企业的全球最低税收，希望它们在寻找最不受限的税收避难地时不再相互竞争。

突然之间，一股再生经济运动的浪潮兴起，勇敢面对企业内部的巨大脱节。

突然之间，各地开始计算如何更好地在财务结果中清楚地展示商业模式的社会效应和生态效应，无论是负面的，还是正面的。

因此，对于世界末日的预期会产生新的见解与故事，我们可以据此来确定自己的方向。当一个世界走向终结，新的世界便会随之而来。对于维持这些故事、机构、身份、技术和角色的争论必然是高度政治性的：因为在每个世界中，特权、权力和利益的分配都会有所不同。

难道我们就不能不转型吗？

不，我们不能。我们必然得转型。

问题不在于巨大的变革是否临近，而在于我们如何主导并指引它们，化解矛盾，引导过渡，并将我们的命运牢牢掌握在自己手中。这也是我们能够做到的。如果我们重新定义一个系统的目标，我们就能朝着这个新方向寻求解决方案。如果我们坚持旧有目标，那么我们同样要为其后果负责。然而，当每个人都选择躲在别人的背后，只是继续一直在做的事情时，变革最终将被外部因素主导。

然而，如果我们能够勇敢地找到一种具有普遍约束力的方式，真正实现我们所宣称的可持续经济目标，那么害怕其他人不愿跟随的忧虑也会减少。正如托马斯·谢林在他关于临界点时代的行动的文章中所言："个体的孤身行动或许难以直接改变整体的命运，然而，他们却能够塑造自己在那个结果中的独特位置。"

倘若我们重新定义游戏规则和关键绩效指标，创造能够使战略和解决方案成功的条件，那么那些富有才华、富有创新精神、敢于冒险、富有同理心，并对成功的商业模式感兴趣的人，就能够传播与以往截然不同的创新理念。因此，我们应该保护好的价值观并重塑其结构，不再固守过去，而是积极创造全新的未来。

一位系统教练曾对我说："关注力所在，便是能量所在；能量所在，生命便勃勃有力"（Where attention goes, energy flows, and where energy flows, life grows）。你经常思考的事情，你认为重要的事情，将决定你有限的关注力、能量和时间的分配，从而导致不同的结果。

我们身上蕴含着无尽潜能，能够提升我们的生活品质，更重要的是这种潜能不会轻易消逝。然而，迄今为止，我们从未认真考虑过影响生活质量的基本要素，也未充分重视改变消费模式所带来的积极影响。在对成功、自由和进步的描述和衡量中，很少充分考虑到这些因素，导致它们缺乏应有的珍视。这样一来，我们对成功、进步和美好生活的想象力和可能性空间受到了人为的局限，而对于个人能力不足的担忧则被人为地夸大。

在这个不稳定的关键时刻，放下那些已被抛弃的事物比百分之百地知道接下来会发生什么更为重要。因为只有我们能够抛弃某些事物时，我们才能获得真正的自由。只有当我们将不再可靠的故事抛开，为新的现实开辟想象的空间时，我们才能迎接新的常态。

作为人类，我们是唯一一种具有思考和意识能力的物种，能够按自主意愿采取行动。我们运用自己的头脑、心灵和双手来创造和改变。这正是改变和被改变、进化和进步之间的区别所在。

值得欣喜的是，人类已历经了多次变革。这个过程涉及技术、市场、制度框架、文化意义和日常实践的共同演进。例如，文艺复兴和启蒙运动是西方历史上与进步密切相关的两个时代。然而，今天我们所谓文明形式的诞生，并非源于直截了当的计划或详细设计。它其实是一个富含探索的过程，涵盖了新的科学发现和技术可能性，新的行动者群体和联盟，以及权力分配和合法机构的斗争。

古典自由主义的思想先驱，如笛卡尔或霍布斯，将这个探索过程描述为古典的间歇期。正如丹麦社会学家和人类学家比约恩·托马森（Bjørn Thomassen）所言，个人、自然、国家和经济方面的新见解、新思想，加上新技术的发明和先进分子的活动，导致了"秩序的彻底崩溃"。

这一阶段可以看作是对新秩序原则的"视死如归"的探索，其中许多先驱者被视为激进分子，因为他们打破了封建社会和教会的历史结构和秩序，因此受到迫害。有些人鼓吹这种崩溃，而另一些人则试图阻止它。在这个时代，关键问题浮出表面，例如，我们如何看待自己以及我们渴望成为何种人。正是在这些问题中，人类的潜力得以展现，因为我们能够为这个动荡时期确立一枚指南针。正如《启示录》研究者提醒我们的那样，这事关一个世界的结束，而非世界的终结。

人类天生渴求意义与合作，这是我们的本性所在。我们建立起社会结构，以故事为基础来设计和解释世界，做决策并加以解释。当这些故事出现问题时，整个系统开始发生变革。在这个时代，关键在于明确优先事项，并寻找新的故事，为我们提供理想和可能的方向，赋予生活以意义和激励力。如果我们能够摆脱过去的包袱，勇敢向前看，放手就不再那么困难。请记住：在每个结束的过程中，都蕴藏着新的开始。

第二部分
改变运作方式
—— PART 2 ——

没有人有意制造这些问题，也没有人希望它们继续存在，但问题仍然存在。这是因为它们是系统内在的问题——结构的不良行为模式才是造成这些问题的根源。只有当我们重新回归直觉，停止指责，认识到系统才是问题之源，并且拥有勇气和智慧将其重构时，这些问题才会消失。

——德内拉·梅多斯，系统思维的先驱者

认识游戏规则:《大富翁》的启示

> 我们所接受的经济界规则实质上是人造的。我们必须决定其中哪些需要保留，哪些需要被改变。
>
> ——莱恩·艾斯勒（Riane Eisler），社会学家、文化历史学家

20 世纪初，打字员兼速记员伊丽莎白·马吉（Elizabeth Magie）发明了一种棋盘游戏，试图让美国社会关注到她所认为的能够解释贫富差距的经济问题，于是她在向美国专利局申请专利时解释道，这个游戏的目标是"尽可能获得更多的财富或金钱"。为此，玩家需要购买游戏板上的地产。当玩家到达别人已经拥有的地产时，就必须向该地产的所有者支付租金。最终，拥有最多金钱的人获胜。

伊丽莎白·马吉受到了 19 世纪末著名的经济学家和社会哲学家亨利·乔治（Henry George）思想的启发。乔治虽已去世多年，但他的思想在美国之外都仍非常流行。乔治认为，他在纽约所看到的经济贫困、生活困难和经济危机的根源在于土地所有权的分配不平等。少数人得以占有"人人都需要依存的土地和资源"，这正是他在 1879 年出版

的《进步与贫困》一书中所提及的一种基本不公正，这种不公正"将现代社会分为极富和极穷"。富人可以通过土地和房地产的收入以及投机获取越来越多的财富，而穷人则依赖工作维系生存。为了摆脱这种贫富分化陷阱，乔治提出了一种基于土地和资源所有权的统一税制作为解决方案，他将其称为单一税（single tax）。在这种税制下，将不再对生产和消耗，即对劳动和消费征收额外税收。乔治希望可以通过这种方式，纠正当下不平衡现象越发明显的发展趋势。这种不平衡的出发点就是一些人拥有土地，其他人却没有。

伊丽莎白·马吉同样认为这是一种根本性的差异。为了凸显这种差异的作用，她有意设计了这款棋盘游戏，从而使得拥有地产的玩家始终处于优势地位，而没有地产的玩家则处于劣势。一些人越来越富有，很快拥有了火车站或发电厂，而其他人则一次又一次地支付租金，祈祷在再次经过"起点"，从银行那里得到津贴之前不会破产。他们在游戏板上每走一圈，就会变得更穷——只不过，与现实相比，他们现在终于可以看清问题所在了。

伊丽莎白·马吉在1906年接受记者采访时说："我希望在很短的时间内，人们就能够发现，他们之所以贫穷，是因为卡耐基和洛克菲勒的财产可能超过了他们的消费能力。"

实质上，她的游戏清晰表明，一个系统按照一定的规则运作，而这些规则会以不同的方式影响参与者的自由。她希望人们认识并思考这些规则，而不是相信他们所做的一切，认为他们的每次行动结果都仅仅取决于个人能力。这个认识对她来说至关重要，以至于她甚至在游戏规则中写下了这一点。游戏指南中写道，这款游戏有意基于真实存在的商业模式而设计，以让每个人都可以去验证"这种系统的逻辑结果，必然是土地垄断者对局势的绝对掌控"。

如今，伊丽莎白·马吉的名字几乎和她发明的游戏一样，被人们遗忘了。她将这款游戏命名为"地主游戏"。从她的创意中，诞生了世界上最受欢迎的棋盘游戏之一——《大富翁》（*Monopoly*）。

游戏在方形的游戏板上以回合制进行，有街道、地图、车站、监狱、现在被称为"免费停车场"的场地，但原本这些只是一个你不必支付任何费用的公园。从根本上说，《大富翁》至今仍在遵循一百多年前的原始模式运作。尽管后来游戏增加了在街道上建造房屋和酒店的选项，以便更快地令对手破产，但这并没有改变其本质，反而加剧了这种趋势：《大富翁》代表了一个在结构上有利于赢家而不利于输家的世界，换句话说，就是赢者通吃。

这样的游戏规则被称为系统陷阱。

系统陷阱特指那些导致问题行为模式的可识别系统结构，其会对整个系统造成长期伤害。一个例子就是各种形式的成瘾行为，为了维持特定状态，需要越来越高剂量的物质，无论是毒品、肥料还是投资回报率。这样的系统陷阱有许多，我们在日常生活中也经常遇到。通常情况下，我们倾向于将自己无论如何努力都无法纠正有害发展的责任归咎于个别参与者或独立事件。然而，实际上，这种情况根源于系统自身的结构，即其反馈循环，以及系统对刺激的一般反应方式。如果不及早识别系统中的问题趋势，人们将被迫采取行动，最终导致产生一个无人期望的结果。

在《思想的极限》（*Die Grenzen des Denkens*）一书中，德内拉·梅多斯用原型总结了这些最常见的系统陷阱，并展示了它们如何运作，以及人们如何才能避免它们。在接下来的章节中，我将把其中一些原型应用于我们在这个星球上的生活、工作或相互交往的方式，以说明为什么情况会发展至今，以及如何才能改变它。我希望，一旦你认识到系统陷阱是如何运作的，你就不会再那么轻易地陷入所谓的恶性循环。

德内拉·梅多斯写道，"系统陷阱是可以逃脱的"。它们延续了发展的趋势，但同时也是可以逐渐改变的，这就是为什么说它们"不仅提供了陷阱"，"也提供了机会"。

就拿《大富翁》中的系统陷阱来说吧，梅多斯称其为"富者愈富"。这样的系统允许赢家通过该方式使用他们的盈利，以保证他们在未来赢得更多。这就形成了一个自我强化的反馈循环，而这个反馈循环并没有被抑制性的反馈循环抵消。收益得以持续成倍增长——失败者一方的损失也是如此。

有什么办法可以解决这个问题吗？

德内拉·梅多斯列举了一些能够化解这种陷阱的策略。比如可以给失败者退出竞争的机会，如果情况对他们不利，他们可以在别的地方重新开始。还有其他多种策略。你可以对赢家在整体中所被允许占据的份额加以限制。这也是反垄断法背后蕴含的想法。又或者，我们可以尝试不断纠正参与者的不平等地位。这就是包容性的教育政策或遗产税所要实现的目标。如果不这样做，祖辈累积的财富将在某种程度上决定孩子的起步机会。在任何情况下，如果你想让其他结果成为可能，你就必须改变系统运作的规则。伊丽莎白·马吉也已经认识到了这一点。

甚至在《大富翁》的早期版本《地主游戏》中，她也为游戏增加了一个被称作"单一税"的变量。尽管是在同一个游戏盘上进行游戏，但在这个版本中，玩家必须向国库支付土地租金。如果国库充盈，这些钱就被用来为公众买回车站，以创造免费的地方交通。某些地块始终是国家的财产，国家会在这些地块上建造免费的学校。如果收入继续增长，工资就会增加，只要通过"抽奖"就可以领取工资——马吉将这个版本的游戏盘称为"地球母亲"。此外，监狱中的人们不再需要用金钱去赎回自己的自由。原先与公园共存的济贫院被废除了。这仍然是同一个游戏，但规则不同，结果也完全不同。在游戏的原始版本中，最后只剩下一个垄断者，但在这个版本里，几乎所有玩家在游戏过程中都变得更加富有了。

1904 年，马吉获得《地主游戏》的专利后，她曾试图把其卖给游戏制造商帕克兄弟公司，但后者以政治性太强和太过于复杂为由谢绝了。然而，该游戏的手工制作副本逐渐流传开来，并由此发展出了更多的版本。其中一个版本被费城大学的一位教授用来向他的学生解释资本主义。1933 年，一份副本落到了一个失业的暖气片销售员查尔斯·达罗（Charles Darrow）手中，正如记者迈克尔·普吕勒（Michael Prüller）所说，他意识到了这个游戏的潜力，它能让处于大萧条中的人们拥有几分钟的富足感。从那一刻起，《大富翁》征服了世界。

在第一年，该游戏就售出了近 28 万份，到了第二年，销售额则翻了 6 倍多。迄今为止，《大富翁》已经售出了超过 2.5 亿份，成为有史以来最赚钱的棋盘游戏之一。查尔斯·达罗就此成为世界上第一个百万富翁级别的游戏制造商。起初，马吉很高兴他们关于经济不平等的教学工具现在能够进入大众视野，并以 500 美元的价格与帕克兄弟公司达成了游戏专利的和解。然而，这款游戏却并未反映她的初衷。这种情况一直持续到了 20 世纪 70 年代，当时一位美国经济学教授出版了一种反向设计的"大富翁游戏"，并将称之为"反垄断"。当他被起诉侵犯版权并开始对游戏的起源产生兴趣时，他发现真实的情况是，这个如今代表着贪婪和毫无灵魂的赚钱方式的游戏，实际上是想告诉我们，我们可以用不同的方式行事。

责任——学有异法

> 人类未来的保障不在于别处，而在于我们自身。
> 我们都必须学会唤醒我们沉睡的潜力，并从现在开始
> 有目的且有智慧地使用它。
>
> ——奥雷利奥·佩切伊（Aurelio Peccei），罗马俱乐部
> 联合创始人

2009 年底，当 21 世纪的第一场金融危机席卷欧洲时，已在一定时日内使美国产生了严重震荡。起初，希腊似乎是问题所在，但很快人们就发现，这场欧元危机实则是一场整体性的危机，而不仅仅只针对其中的某个部分。欧洲领导人越来越频繁地举行峰会，新闻被主权债务、评级机构或救助基金等专业术语主导。为了防止个别国家破产，必须调动数十亿美元❶的资金，但即便这样仍然无法真正防止经济危机的爆发。在希腊和西班牙，青年失业率上升到 50% 以上，在意大利和葡萄牙，三分之一的年轻人没有工作。有人说，这

---

❶ 截至 2024 年 9 月，1 美元 ≈ 7.12 元人民币。——编者注

是"迷失的一代"。

在这种情况下，欧盟委员会提出了一项名为"欧洲2020"的战略，其中概述了未来10年的增长议程，包括7个所谓旗舰倡议。除了创新、产业政策、数字化和能效等领域，欧洲青年的诉求也得到了关注。这项倡议名为"青年在行动"。其中一个目标是将欧洲的辍学率降低到当前的百分之十，而另一个目标是将大学毕业生的数量增加到当前的百分之四十。"为了确保欧洲的繁荣，我们需要年轻人，"其中一份文件写道，"只有凭借他们的能力和技能，我们才能实现2020年的智能、可持续和包容性增长目标。"

我当时在布鲁塞尔的世界未来委员会（WFC）工作，这是一个德国的非营利性基金会，将来自世界各地的不同人士聚集在一起，以制定、分享和支持促进和平与可持续发展的政策建议。其工作的重点之一就是人类后代的权利问题。当时，我非常关注如何在我们的机构中加强未来的正义，所以当欧洲的青年计划公开后，我们邀请了委员会的代表和欧洲议会的几位议员参加小组讨论。我们还邀请了所有政党和许多非政府组织（Non-Governmental Organisations，NGO），特别是青年代表。毕竟，我们的目的是改善年轻人的未来。

作为一个规模相当小且鲜为人知的基金会，在布鲁塞尔的欧盟总部组织一场活动可能是一次令人沮丧的经历，因为总是有一些活动在同时进行——而在政治活动中，注意力是一种稀缺商品。至少我当时已经意识到，在邀请函上承诺提供免费的食物和饮料，或者，最好是免费提供小菜和香槟有多么重要。而且，小组成员应当包括来自数个欧盟机构的代表，如果可能的话，还应该包括来自所有党派的代表。最终，我们成功地从各方获得了关于未来公平问题的承诺。

我坐在主持人的位置上，讨论的人很多，委员会的代表再次强调，必须提高年轻人的就业能力，以便他们在离开学校或大学时能够尽可能地适应当下的就业环境。为了实现这一目标，大学必须与公司进行更为密切的合作。听众中的一位年轻女士发言了。她代表一个青年组织，做了一番简洁明了的讲话，令人印象深刻。她是这一战略的目标群体，尽管如此，她对在这里听到的内容也表示无能为力。

"我不知道你生活在怎样的世界里，"她说，"但当我看到这种情况时，我会提出完全不同的问题。"

在她看来，教育的任务不可能是简单地让人们从事当前社会经济所需要的工作。"我看到当下社会有很多混乱的情况。你们的工作是让我做好应对它的准备，"她要求说，"而不是教育我成为制造混乱系统中的一个齿轮。"这应该是关于什么想法、技能和解决方案有助于塑造一个良好的、不那么不确定的未来。如何组织这些，以及需要哪些政策、商业模式和社会变革来实现它们。这就是她希望自己能从中学到的技能。

在她讲完之后，房间里陷入了沉默，因为每个人都觉得这位年轻女士的插话是正确的。自从我在政治、学术和公共领域内工作以来，我一次又一次地经历了这样的时刻：明确说"不"的时刻。在一个理想的世界里，这样的插话会引发人们对旨在解决特定问题的政治策略是否切实有效的集体思考。然而，在现实世界中，正如我们都知道的那样，这样的插话被当作"房间里的大象"，每个人都试图不去理睬它，以便他们最终能回到日常工作之中。当时在布鲁塞尔也是如此，尽管我把这个问题转给了几个小组成员。

欧盟委员会的代表和各方都想谈谈教育问题。但这位年轻女士——在危机时刻，面对不确定的未来——质疑了学习。

学习常常被看作试验和错误的结果。当我们面对一个问题时，我们会尝试去解决它。我们获得的经验和知识影响着我们在未来所做的决定：我们认为在未来有用的东西会被保留下来。通过这种方式，人们、团体和社会学习和发展其"教育大典"，为后代储存知识。这至少是普遍流行的线性学习理解背后的观念，在这种理解中，改进是线性的。我们从过去中学习应付未来的经验，因为我们假设这个未来在一定程度上可从过去得出。

如果这个想法在这期间已经过时了呢？

当英国物理学家斯蒂芬·霍金在千年之交被问及，他是否认为前20世纪属于物理学，而21世纪将属于生物学，他的回答是否定的。

"我认为，"他回答说，"下个世纪将是充满复杂性的世纪。"

在我们之前的任何一代人都没有面对过这样一个世界，其中的关键系统——我们赖以生存的自然系统和我们生活的文化和社会系统——像今天这样复杂地相互联系和响应。气候变化表明，使用化石燃料不是一个国家的问题，而金融危机揭示，对大银行的援助也同样如此。新冠疫情向我们证明，我们需要将健康视为全球性问题，因为病毒可能会在那些人口受疫苗保护较少的国家发生变异，而它又会以变异株的形式回到我们身边。我们生活在这样一个复杂的网络中，这对事件进程的影响有多大，我们才刚刚开始了解其后果。例如，我们已经开始感受到，即便可以让金融资本无止境地增长，也并不一定能使商品和服务更容易获得，至少在富裕国家是这样。稀缺的不是金钱，而是劳动力和原材料。边界正在被重新调整，无论是在大流行病中制定工人的豁免规则，还是在全球秩序中形成的区块。

"世界已经进入了一个行星阶段"，美国物理学家保罗·拉斯金（Paul Raskin）在《大转型》（*Great Transition*）一文中试图在新千年之初与各学科的科学家们一起解释这种复杂性对我们文明的未来意味着什么。他写道："一个从根本上不同于以往所有时代的全球系统正在形成。"

大气科学家保罗·克鲁岑（Paul Crutzen）创造的术语"人类世"就概括了这一点：人类已经进入了一个新的时代，在这个时代，人类已经成为地球系统自然循环变化的核心力量。在这样一个时代，要积极检验以前的确定性和假设，如果有疑问，便要鼓起勇气放弃。"要对地球有效用地负起责任，就需要更新我们的新生代思维方式。我们必须根据我们和我们的家园——地球之间的紧迫性、重要性和相互关联性来采取行动。"这是 2021 年，一大批诺贝尔奖获得者在"我们的地球——我们的未来"峰会后发出的呼吁。

为了在这个新的纪元——人类世——良好相处，我们需要做些什么？我们如何才能成功地确保人类世对人们来说仍然是一个宜居的时代？

2020 年，瑞士雅各布斯基金会（该基金会的历史可追溯至汉堡雅各布斯咖啡王朝的成员，主要的关注点是青年发展）委托进行一项研究，以了解我们的生活和工作方式在未来几十年可能发生的变化，以及儿童和年轻人应该具备哪些技能，以便为这些变化做好准备。因此，这项研究的题目是"未来的技能"。它所要解决的问题，是在不清楚未来是否真的会发生的情况下，未来将如何发展，应该留给下一代什么。为此，该研究对瑞士——毕竟是世界上最繁荣的国家之一——在 2050 年可能出现的情景制订了四种不同的方案。此外，雅各布斯基金会挑出了区分全球北方许多国家的两个类别——繁荣和自由，并将它们相互交叉。这个矩阵中出现了四种不同的未来，其特点是富裕或贫穷与自由或限制的结合。

第一种情景是"崩溃"。由于气候变化，世界经历了突然的崩坏。极端天气事件引发了难民流动和战争，这又反过来导致了边境关闭，从而使国际贸易陷入停滞。金融系统崩溃，货币凋零，民族国家解体为地区单位。人们在很大程度上与外部世界隔绝。旅行变得困难，因为能源匮乏，基础设施破旧，且普遍存在对外国人士的不信任。城市人口正在减少，因为在农村更容易获得重要资源，如水、木材和土壤。工业生产几乎不存在，几乎所有的供应链都中断了，很多东西都是在当地修理或生产的。这是一个匮乏的情境，由于许多事情根本变得不再可能，自由受到限制。重要的技能是手工性质的，它与生存息息相关。然而，真正的挑战是人们要确保自己的生存，还要不至于变得激进，陷入抢劫或战争等短期战略，从而使情况进一步恶化。

第二种情景是"零工经济的失业者"，显示了一个技术进步导致大规模失业的世界。机器取代人类劳动的程度和速度之快，无论是劳动力市场还是福利国家都无法缓冲。以前由长期雇员通过全球招聘平台提供的服务，如今被公司通过数字化购买。这就产生了大量的数字日工，他们不断相互竞争，做一些和以前一样的工作，但挣得更少了。国际上的贫富差距缩小了，因为较贫穷的国家如今也有机会进入劳动力市场——现在工作基本上可以在任何地方完成。然而在社会内部，贫富差距却扩大了。许多人挣扎在温饱水平上。通过训练机器来做人的工作，分享个人数据或暗中向朋友宣传产品，都可以赚钱。自我驱动力和适应日益活跃的市场的能力是至关重要的。国家几乎不再提供任何服务，很多东西都是私有化的。货物和支付交易、劳动力市场、通信流——一切都集中在一个单一的互联网平台手中，该平台已经成为地球的数字操作系统。在这种情况下，自由并没有受到限制，但事实上，它们只属于少数精英。

第三种情景是"净零"。世界试图以可持续的方式应对气候变化。在明确了仅靠技术解决方案无法实现这一目标后，人们决定采取更强硬的措施。从物质上来讲，在这种情景下，人类什么都不缺。然而，他们不得不放弃一些对今天的我们来说很正常的舒适生活。几乎没有汽车的使用，很少有私人机动车运输，已有的汽车也是相互共享。电力由太阳和风产生，任何剩余的电力都用来生产氢气作为能源储存。国际贸易主要通过现代帆船进行。然而，总体而言，人员和货物的流动范围非常有限。很多东西都是在当地生产、修理或回收的。在某种程度上，这种情景类似于"崩溃"。这种情景下所需要的技能也与"崩溃"相似。关键的区别是对自由和繁荣的限制不是由环境造成的，而是人们有意识地选择的结果。这些措施不会使气候变化立即停止，而且如果要保证这些措施有效，每个人都必须遵守它们，且无人会以牺牲他人的利益为代价来回避这个问题——这正是这种情景所面临的挑战。

第四种情景是"完全自动化的人工智能奢侈品"。在这种情景下，机器也取代了人类劳动，但与只有少数精英从中获利的情景不同，现在每个人都能从中获益。政府的措施成功防止了数字垄断的出现。不存在捆绑和控制数据的单个平台，取而代之的是一个分散的网络，每个人几乎都可以访问所有数据，因此这些数据不会被商业化。在这个开放的数据世界里，没有人需要为钱工作。机器人负责满足基本需求。作为地位象征的财产被声望取代，尤其是当一个人完成了人工智能无法完成的创造性任务，然后将成果与他人分享时。这是一个自由不受限、十分繁荣的场景。提升对技术的理解会有所帮助，但真正的挑战是在生活中寻找意义，人们可以通过计算机和机器更方便地改变生活，而不是将这一任务掌握在自己手中。

四种情景没有一个看起来牵强附会，但它们非常不同。似乎没有一种技能是四种情景下都需要的，除了园艺：有时是为了自给自足，有时是为了用自己的双手做一些事情，有时是为了保障自己的生活或促进团结。虽然这些情景非常不同，但它们有一个共同点：它们都描述了可能的未来。

根据所涉及认知利益不同，可模拟的未来场景也大相径庭。然而，与自由驰骋的乌托邦和反乌托邦不同，它们旨在在今天和后天之间寻求一条道路。这条路朝着可信的未来的方向前进：可以说，愿景是趋势选择，而想象力则是数据集。当这些情景还未成定数时，对它们做出反应，从而加以调整，走向它们或避免它们，这种机会只有在可能的后果发生之前采取行动才能获得。在不同的情况下思考，可以打开我们的视野。它为我们准备了各种可能的反应，以便在危机发生时使用。它允许我们讨论哪些答案不仅可行，而且会产生积极影响——让我们在问题和错误变得明显之前，就发现并探索其他的行动路线。通过这种方式，情景思考也能使人深思构成理想未来的更深层次价值——并让人们看到对现实未来的评估存在分歧。如果我们问自己长远的问题，并注重选择我们下一代世界的发展方向，我们就可以观察趋势，并以前瞻性的眼光去改变它们，而不是对其指数化或突然中断的进程感到惊讶并做出疯狂的反应。

你还记得什么是反馈吗？

它是一个系统对一次冲击的反应。

以不同的方式学习意味着成为有能力向前看的人，意味着在未来到来之前，就有意识地去影响它。

情景是否会以某种形式实现，还是在未来被证明是一种误解，不由命运决定，而由社会变化决定。几年前，英国未来学家和创新研究员比尔·夏普（Bill Sharpe）提出了"三种视野"（Drei Horizonte）的方法，它可以帮助我们更好地理解构成未来的社会过程，并在我们经历变换阶段时，更清楚地意识到自己的角色，并利用它们跨入明天的世界。

比尔·夏普写道："三种视野"代表了"从现在所演变的未来的三种可能模式。所有这三种模式都存在于每一次对话和我们自己的思考中。在团体、社区、国家和我们内部，我们都可以发展识别它们并巧妙地与之合作的能力。情境分析让我们在面对一个根本上是开放、激进的未来时，重新获得了采取行动的能力。"

视野一代表目前普遍存在的系统，即现状，一切照旧。为了更好地理解这种视野，我们需要"工程师"（也就是所有能够准确说出当前系统如何运作以及需要什么的人）的知识，说得直白一点，就是要维持事物的运行。但是，随着世界的变化——无论是通过危机还是所谓创新见解和变化——旧事物可能会不再合适。随着系统的缺陷变得明显，第二种视野就会出现。

视野二代表着这样一个阶段，即人们能够越来越清楚地看到现行的制度不再能够决定未来。在这个视野中，有一些"企业家"开始扪心自问如何改进甚至取代旧系统。如果他们的创新比现有的系统运作得更好，那么就会来到临界点，在这个临界点上，关键参与者必须决定是继续维护系统的现状，还是投资可以将其取代的创新。

因为除了必要的创新，更激进的创新总是在小范围内被思考和测试。通常，这些创新可以通过以下事实来识别：它们更具实验性，似乎与我们眼中的"正常"相去甚远。它们发生在远见者的领域之中。人们的工作前提存在根本性的不同，目的不是改善现状，而是创造新事物。在日常生活的表面下，他们研究可能的未来，而这些未来有能力挑战今日之"正常"。这就是视野三所代表的意义。

所有这三种视野都描述了与未来相关和影响未来的不同方式。未来学主要关注的是我们如何做到这一点，它提出了三种不同类型的未来。如果我们继续留在视野一而不进行变革，就会出现"可能的"未来。考虑到当前的趋势，如果通过第二视野引发变革，"可信的"未来似乎是有可能的。而"理想的"未来则始于第三视野，它们就像最终目标一样，我们可以一步一步地朝着这个方向努力，即使所有的措施和解决方案都还没有摆上桌面。因此，我们需要每个人——工程师、企业家和有远见的人——来改变现状，走向理想的未来，同时又不与可能的情况脱节。重要的是，要尽早意识到，继续坚持现状会过度限制前进的动力，而过多破坏现状最终往往不会带来变动，更多是崩溃。

简而言之，想要有意识地处理颠覆性的时代，就意味着我们要更多地关注视野三。

首次系统性关注视野三的重大尝试来自罗马俱乐部的科学家们。他们于1972年发布的《增长的极限》报告在全球引起了巨大反响，因为它首次利用计算机模拟展示了人类未来取决于特定的长期趋势。研究团队假设人类将按照过去的方式继续发展，对人口增长、粮食生产、工业生产、非可再生资源消耗和环境污染这5个长期趋势进行了详细推演。在12种情景中，有一种名为"照旧运行"，代表了"按照惯例"的发展路径，导致趋势出现指数级加速，并在21世纪初到中期突然发生转变。即使在某个情景中注入了当时已知资源储量的两倍，情况仍然如此。如果不进行深入干预和政治引导，这种趋势将无法扭转。

在该报告中提出的 12 种情景中，只有两种导致了可持续的未来。这两种情景综合考虑了趋势的影响和驱动因素，并采取了相应的政策措施。这些情景涉及资源效率、可持续农业、人口稳定、能源效率、食品分配以及从过度关注物质消费转向关注生活质量。这些综合措施为实现可持续发展提供了指导，并为建立一个更加环保和可持续的未来奠定了基础。

尽管自 1972 年以来，该报告的细节受到了一些批评，但其基本发现并未被推翻。直至今日，在所有关注可持续发展的大型研究中，"按照惯例"发展的情景并不具备吸引力。在这种大规模的情景分析中，重点并不是准确预测未来，而是揭示变化的模式及其背后的驱动因素。在全球范围和长期视野下，1972 年的分析是一项革命性的创新。然而，该报告的真正成功之处在于揭示了此前被孤立考虑的趋势之间的关联性，从而阐明了"再也不能将人口、粮食生产或能源等问题孤立看待"的重要性，正如罗马俱乐部的创始人之一奥雷利奥·佩切在他的自传中所述的。

我的目的不在于评价奥雷利奥·佩切是否正确，尽管我写这本书的其中一个原因是我觉得他们的报告还有改进的空间。然而，对于前进的道路来说，更重要的是科学家们从他们的报告中得出了哪些结论。他们还在思考如何调动如此规模的政治和社会意愿来推动革命性的转变。为了探索人类如何成功应对这一发现，他们在七年后发布了《学无止境》

（*No Limits to Learning*）的报告，该报告由一众国际研究者和政策制定者的精英团队进行了讨论。这份报告试图在探索增长的外部限制之后，探索人类在未来的道路上还有哪些内在空间。为此，作者们提出了两种学习方式——维持性学习和创新性学习。

根据他们所称的维持性学习，视野一在相对稳定的反馈循环模式下能够长期有效地运作，前提是它不会陷入危机。维持性学习以熟练和基于规则的方式应对挑战，并通过熟悉的程序、执行计划、角色或模型来解决问题。当许多人都熟悉这种方式后，社会合作会变得更加简化，一切都井然有序。通过自适应调整或航向修正，人们能够修正较小的错误，并使系统的运行过程动态稳定。

然而，当已知的例行程序无法产生所期望的结果或者不再可行时，创新性学习变得至关重要。这可能是因为资源短缺，例如，缺乏劳动力和原材料，无法维持常规的运行模式。在这种情况下，创新性学习为真正的变革做好准备，创业者们需要向视野三转变。用形象化的说法，创新性学习不再仅仅是对蜡烛的第 n 次改进，而是灯泡的发明。就拿德国的天然气供应问题来说：当我们突然意识到供应的问题时，可再生能源成了"自由能源"，以前的阻力和异议变得无足轻重。由此形成了明确的使命和社会的转折点。我们现在明确地认识到必须建立一个全新的系统，而视野二的创业者们可以更加有效地合作并加速发展。

根据罗马俱乐部对学习的描述，教育并不是衡量和详细比较个人标准化成绩的过程。相反，这种学习观念将社会的创造力和有效合作置于核心位置，包括富有远见和对未来的洞察力。这是一种进步的学习理念。在需要的时候，或者当它变得有趣和有意义时，我们可以重新发现自己。

实现从现在到理想未来的过渡，具体方式和时间的长短取决于我们对新事物的坚定追求和对旧观念的彻底放弃。当然，我们可以重新发展煤炭产业，发放燃油补贴并鼓励驾驶汽车，从而破坏气候目标并延缓行为变革的进程。不过，我们也可以节约能源、采用电动出租车并提供社会支援，而不会鼓励高碳排放行为。具体取舍取决于我们追求的是哪种未来。

在最理想的情况下，进入新阶段的转型应该是有先见之明的。因为《学无止境》的作者们指出，如果一个社会长时间坚持不变，就会极大地限制其塑造力和自由。如果只有在危机中才能产生变革的冲动，那么许多可能的替代方案将无法得到系统性的预先思考、测试和及早传播。然而，当我们别无选择时，我们必须迅速学习。通常情况下，这会导致所谓的基于冲击的创新，而这种创新通常比可塑性的转型更具挑战性。因此，研究人员得出结论，教育和科学体系应该始终完整地传授创新学习的能力，包括对自身作为影响者的角色的有意识处理。这样我们才能更好地适应变化，推动有意义的转型，而不仅仅是在面临危机时才迅速学习。

那位年轻女士当时在布鲁塞尔提出的正是这个问题。她呼吁建立一种教育战略，其中最关键的就是脱离所谓的常规路径。她渴望一种教育，正如古高地德语中的"创造"（Bildunga）所表示的那样，它代表着想象力和创造力。柏拉图通过他的洞穴寓言已经揭示了这一点，即我们需要放下虚假的确定性，对自己进行质疑。

那么，是什么驱使我们前行？长期的观察又给了我们什么启示呢？

当我在 2014 年参加第一次可持续发展科学会议时（在此之前，我主要参加的是政治经济学和国际关系的会议），我对其形式的不同印象深刻。除了通常在这类会议上出现的科学论文和海报，还有音乐、展览以及一个极富参与性的"论坛剧场"的环节。我参加了一个由斯德哥尔摩韧性中心的年轻同事们组织的讨论，该中心的明确目标是更好地理解社会-生态系统，并就可持续发展的转型提出建议。由于可持续发展问题在本质上涉及生态、社会和经济维度，因此在斯德哥尔摩韧性中心，跨学科团队合作是常态。然而，这引发了年轻科学家们的担忧，因为对于即将进入学术界的人来说，参与跨学科研究设计的硕士或博士项目不仅具有挑战性，而且存在职业风险。虽然在各个项目中都有一些有限期的职位，但对于"跨学科"的人来说，获得进一步职业发展所必需的资助、发表论文的机会和享有声望的奖项都较为困难，因为他们不太适合传统学科领域的分类。他们实际上是

"无拘无束"的，这使得他们在传统的学术界规范中显得不太合规。

其中一位来自该中心的研究员贾米拉·海德（Jamila Haider）与她的同事决定将这个创新困境作为研究的对象，并凸显自己作为"不合时宜者"，作为在各种问题上立场都不尽相同的创业者的作用。他们没有忽视或放弃在科学和研究领域中"有时令人不悦的位置"，而是在会议上发起了一项调查，并最终发表了一篇专业文章，该文章不仅突显了她们在体系中的地位（职业晋升机会较少），还深入探讨了系统本身的规则（知识生成的途径）。

因此，在他们的批评中，他们不仅关注自己在系统中的地位，还关注系统本身的规则及其能否有效处理未来那些关键的问题。毕竟，在政治界已经宣布了一个可持续转型的目标。因此，在转型时期，友善而不拘泥于规则的行为实际上有助于识别和主动摒弃与现实及其挑战不再相符的虚假信念、世界观和自我认知。这样，学习结构就不会滞后于挑战，而是能提前应对它们。

科学史学家、马克斯·普朗克科学史研究所所长于尔根·雷恩（Jürgen Renn）在他的著作《人类知识演化史》（*The Evolution of Knowledge: Rethinking Science for the Anthropocene*）中阐述了这一观点。在这本书中，他将近二十年的经验和比较研究汇总起来，指出："我们必须深入科学的内部，在日常中努力，将人类世界转变为宜居的环境。"科学体系也会受到维护趋势的影响，尽管科研工作常常被描绘成接力赛，优秀的思想在其中传承并不断完善。正如贾米拉·海德尔（Jamila Haider）明确指出的那样，科学也不能摆脱在一个体系内运作的限制。因此，科学成果始终是结构、规则和激励的体现，是它们塑造了科学创造的环境。

于尔根·雷恩总结道："甚至经典的科学观念中最基本的要素——证据、实验、数据、客观性、理性——都被证明是深受历史影响的。"随着时间的推移，许多曾经看似并不客观和具有理性的认知逐渐成为历史书籍中的某一时刻确信之事。而撰写这些书籍以及何时以何种方式被谁修改，都是权力关系的体现。伽利略便是其中最著名的例子，他因其"不合时宜"的思考方式而受到天主教会的谴责。

因此，我们需要细心地培养知识的创造方式，因为社会的行动潜力正是建立在这些知识的基础之上。科学、教育和技术发展无法与社会分割开来，它们实际上是整个社会组织的学习过程。它们始终处于当下复杂的背景之中。它们所产生的并非中立的结果，而是对我们当前问题的下一步回答。如果我们没有或只是稍微改变下问题，尽管时代正在变化，但我们也只能期待适应当下趋势的答案，而无法给出变革性的回答。如果我们的问题过于肤浅，我们将无法学会质疑。因此，虽然失败的经验可能不那么让人舒适，但它们却是宝贵的，是通往可期待的未来的一步。

英国创新研究员和政府顾问杰夫·穆尔根（Geof Mulgan）

分析指出："蔓延全球的不安情绪可能是因为缺乏令人向往且有望实现的未来。"他进一步解释道："无论如何，这种不安都与被感知到的行动能力的丧失有关，导致对未来的忧虑逐渐增长。"

为了避免塔纳兰的悲剧重演，我们必须深入了解这种不安的根源。然后，我们需要重新学习如何审视和构建未来。在这方面，联合国教科文组织 2013 年的社会科学报告中提出的未来素养（Futures Literacy）可以帮助我们。未来素养是一种能力，即"能够想象未来，而这些未来并不基于对过去和现有系统的隐藏、不加质疑或者有时可疑的假设"。通过结合未来素养中的批判性思维、对背景的深入观察和准确描述，以及对特定问题本质的理解，这种能力帮助我们将学习过程引向第三种视野。重要的问题是：我们期望实现怎样的理想结果？是什么阻碍我们实现目标？为什么又会出现这种情况？

根据联合国教科文组织前瞻领域负责人里尔·米勒（Riel Miller）的观点："一个具备未来素养的人可以自主决定为何以及如何将自己的想象力用于创造一个不存在的未来，并将其引入现实。"

实际上，我们已经在不知不觉中这样做了。我们会想象事物可能的发展方式，思考我们对此的喜好，评估其可能性以及其他人可能的反应。这些想象不仅会影响我们的决策，还会影响我们考虑的选择范围。因此，重要的是我们意识到这些未来构想的选择机制，并更加有意识地去利用它们。

硅谷训练有素的初创企业已经领会到了这一点，并宣称它们的产品将带来惊人的成果。"不成功便成仁"是风险资本竞争的座右铭。如今，那些想象出来的能够带来巨大收益的未来现金流已经募集了大量资金，用于塑造明天的现实。但是，依我来看，我们应该普及这个现实，而不仅是通过巨额资金的推动或仅将其局限于财务收益。如果只是靠金钱，那么有意义且可持续的运作又将如何持续存在呢？

因此，社会创新学习也包括一个问题，即由谁来决定第三个层面的事物。毕竟，创业谷和闪闪发光的金融塔并不是世界上唯一可以构想我们未来的地方。

大家知道吗，1972 年斯德哥尔摩举行的第一次国际环境与发展会议上，联合国提出了一个观点："人类既是环境的创造者，也被环境塑造。环境在物质上维持着人类的生存，并赋予其智力、道德、社会和精神成长的可能性。"这种创造能力需要在国际交流中得到发展。

15 年后，由挪威前首相格罗·哈莱姆·布伦特兰（Gro Harlem Brundtland）领导的委员会为联合国首次提出了一个构想："人类有能力以可持续的方式来塑造发展，以确保满足当前的需求，同时不危及未来世代满足其自身需求的能力。"相应的宣言被称为"我们共同的未来"。那么，现在又是怎样的呢？

如今，似乎只有在出现了一场大流行病或一场战争后，我们的政治代表才敢在他们的政治宣言中使用"团结"和"命运共同体"这样的词语。在实现环境保护和社会公正等共同目标方面，我们并没有取得真正的进展。这可能是由于个人化和广泛金融化的影响，导致未来的发展进一步私有化。雅各布斯基金会在其研究中指出："社会目标已经演变为个人抱负"。

要允许少数人将我们的未来私有化，而大多数人只能去努力适应吗？还是我们更希望将对于理想未来的答案尽可能多地传播给世界？

好消息是，不同的教育理念对所需的这些能力做出了要求。这些能力有很大的重叠：好奇心和批判性思维同样重要，还包括自我效能感、多重视角、合作能力、文化敏感性、数字韧性和沟通能力。

如果许多人都能享受这样的教育，那社会的可变革性也会增强，这意味着，"在给定的生态、经济和社会条件使当前体系不可持续时，社会可以创造未经验证的起点，从而孕育出全新的生活形式"，正如加拿大社会创新专家弗朗西斯·韦斯特利及其团队所解释的那样。

因此，变革能力的核心原则在于，坚持固守自己的世界观并不是体现力量或优越性的证明。相反，我们应该时常敞开心扉，融入其他世界，并从中受到刺激和启发。因为社会学习并非仅限于教育机构，它充斥着我们的日常生活，对我们影响深远。因此，我们应当充分认识到社会学习的重要性，并将其融入日常生活的方方面面。

知识、意愿和行动，产生了每个人参与塑造未来的责任。知识意味着能够描述当前状态及其起源，了解现状。意愿意味着能够明确期望的未来状态，能够描述理想的未来形态以及实现这一目标的手段。行动则代表着社交和个人能力，以成为这个旅程中的参与者，这个旅程始于跨出迈向新未来的第一步。

而放手也是改革的一部分。当一个体系已经过时，理解它的离去需要很大的胸襟。这样未经验证的方法才能更快地发展成为新的常态。一个世界逝去，另一个世界涌现。为了成功推动我们这个时代的重大变革，我们必须同时成为助产士和临终关怀护士，兼具接生与善终的能力。

系统陷阱
错误的目标
设定

一个系统的行为受其目的或目标的影响最为显著。这适用于社会和教育体系。如果目标没有明确定义我们实际上希望实现什么，系统就无法产生所期望的结果。例如，如果我们主要衡量当前系统中谁或什么在取得最大成功，我们就会趋向于仅仅维持现状。这会导致灵活性和创新的缺乏。如果我们希望尽可能多的人能够参与塑造和承担一个理想的未来，我们就必须对教育、科学、研究和学习的目标进行更新。

财富——增有异途

> 然而，在审视每一次渐进的发展时，由于其本质的局限性，我们的思维并不仅仅停留在追踪运动规律的层面上。这必然会引发更深层次的问题：发展的目的是什么？社会通过工业进步追求的目标是什么？当进步停滞时，人类将置身何种境地？
>
> ——约翰·斯图亚特·穆勒（John Stuart Mill），哲学家和经济学家

高盛（Goldman Sachs）不只是一家投资银行，它更是众多投资银行的缩影。当然，在华尔街还有其他机构为保险或基金公司等大型投资者管理资本，以及协助企业进行收购，甚至为国家在金融市场上筹措资金。但是，直到 2008 年的金融危机，鲜有机构像高盛那样不择手段地取得如此殊荣，备受赞叹、畏惧，甚至令人厌恶。它是业界的宠儿，得名"金矿萨克斯"（Goldmine Sachs）。当危机的阴云弥漫、竞争对手不得不削减人员时，高盛却以创纪录的数百亿美元奖金慷慨奖励银行家们。仅以当时的首席执行官劳埃德·布兰克费恩（Lloyd Blankfein）为例，他获得的奖金就高达数千万美元，

这还不包括他的薪酬。在华尔街，他的奖金之高无人能及。与此同时，美国各地的人们失去了家园和工作，政府不得不负债以挽救银行，全球经济也陷入严重的危机。然而，当布兰克费恩后来试图为自己的工作和奖金辩护时，他似乎依然无愧于心。

"我们通过协助公司获得资金，助其蓬勃发展"，他当时对《纽约时报》的记者表示，"企业的成长创造财富，而财富的增加又带来就业机会，进而促进更多财富的创造与持续增长，这是一个螺旋上升的成功之路。"若金融市场崩溃，每个人的业务都将陷入混乱。布兰克费恩表示，在这种情况下，他的银行追求的是"社会目标"。无论其他人如何批评，他只是一个履行"上帝之职"的银行家。

这番言辞中的疏离感究竟何在？

布兰克费恩的观点简言之就是：增长带来繁荣，维系就业，催生创新——反之亦然。增长让整个系统保持稳定。这并非一个银行家个人的意见，许多银行家、首席执行官和政府首脑都认同这一观点。它也是大学经济学讲座、报纸经济版和大多数政党纲领的常见内容。因此，他显然认为自己的言论是无懈可击、不容置疑的。他深知像他这样的人很难被起诉，因为增长的故事极为巧妙地保护着他们。然而，高盛仍然被视为所谓系统重要性银行。这些银行的规模大得不容倒闭。在紧急情况下，国家总会施以援手，即便最初的紧急情况也是由于它们追求增长而引发的。

我们已经在这个增长的叙事上建立了我们的整个系统。这是我们的基石，连接着不同的国家、宗教、性别和身份。人类学家认为它是推动我们征服地球上其他物种的文化驱动力。然而，要摆脱这个叙事并非易事：我们过去对增长的故事说了"是"，那么现在也必须对它所带来的一切说"是"。

变革究竟从何而来？

本书的第一部分已经揭示了答案：通过结构性的变革和勇敢的个体。

2021年2月，一群刚刚开始在高盛工作的年轻银行家们向他们的上级发送了一份PPT（演示文稿）。乍一看，这份PPT看起来和高盛评估其他公司业务时的PPT别无二致。但其不同之处在于，这份PPT并非关于其他公司，而是高盛自身的情况。这群年轻银行家们彼此探询，勘察大家对于高盛作为雇主的满意度——而结果可谓毁灭性的。随后，一经曝光，舆论哗然。几乎所有的年轻银行家们每周的工作时长超过100小时，夜晚仅睡眠短短5小时，即使这样都无法完成手头的工作。在他们看来，工作的截止日期都十分不切实际。他们在刚开始工作时将自己的身心健康评为9分（10分制），即非常好，而现在已经跌至3分以下。他们对自己的整体生活满意度只剩下1分，即非常不满意。如果这种工作条件不改变，许多分析师计划在接下来的半年内辞去高盛的工作。

在这如今广为人知的调查中，其中一位银行家道："有时，我无暇顾及饮食、沐浴，甚至任何其他事宜，只能辗转于工作间，从清晨至午夜。"另一位则毫不掩饰地说道："失业并不比继续这种生活方式更加令我感到恐惧，我更为担心的是，如果我继续如此，我的身体会支撑不住！"

踏入高盛成为其员工，常被视为开启辉煌职业生涯的入场券。这些申请者通常是美国顶尖精英大学的优秀毕业生，现在又进入了更加精英的投行圈。在这里，人们不仅能赚取丰厚的财富，还能结交许多朋友。几乎没有其他银行能像高盛一样与政界保持如此紧密的联系。纵观过去的 10 位美国财政部长，有 3 位出自高盛，后来的欧洲央行行长马里奥·德拉吉（Mario Draghi）也是如此。而何塞·曼努埃尔·巴罗佐（Jose Manuel Barroso），在担任两届欧盟委员会主席之后，转战伦敦的高盛国际。而这一转折正值英国脱欧公投仅两周后。在接受《金融时报》的采访时，他承诺将尽力减少英国脱欧对高盛的不良影响。年轻的新锐们亦知竞争之激烈与残酷。然而，某个时刻，这些锐利的头脑似乎发现，这份工作的代价已过于高昂。他们不再愿以个人幸福作为财富的代价，他们的价值观也随之蜕变。那些曾一度傲然踏入财富的庙堂，潜心履行"上帝之职"的人，却一度在那里迷失了信念。

与此同时，我们也能感受到经济增长带来的影响，这些影响比其他系统产生的影响更早、更直接。它们以多种形式呈现，如饮用水中的高硝酸盐含量、肺部的废气排放和身体中的微塑料。此外，现在已经被归类为超负荷或无法承受的现象，今天，像过载（Overload）或心力交瘁（Overwhelm）这样的概念已经涵盖了疲惫、抑郁、恐慌或焦虑等现象。它们在被认为成功的富裕工业化国家中早已成为日常生活的一部分，就像超重、糖尿病或心血管疾病一样，我们轻松地将其称之为"文明病"。这个词本身就是一种指示，说明某些事情并未进行得很顺利。

我们都熟悉"边际效用递减"的概念，即超过某一点后，即使拥有更多的财富，也难以进一步提升生活满意度。相比之下，健康、睡眠质量、人际关系和对生活的掌控力等因素无论何时都极为重要。当然，充足的物质供应和安全的住所是实现这些目标的先决条件，但尤其是在富裕社会，幸福的因素并不是绝对的，而是相对的，即与他人的生活水平相比较。因此，在富裕国家，是否拥有足够的东西并不能仅根据客观标准来确定，而更多地取决于社会标准。然而，我们很少探讨人类福祉与我们的生活方式、经济模式和消费方式之间的联系。似乎我们不敢正视一个显而易见的问题：全面无节制的增长对我们究竟产生了怎样的影响？

在我开讲座时，有时我会要求听众闭上眼睛，想象他们对理想未来的感受。是的，就是那种感觉。令人惊讶的是，当涉及具体条件下的理想未来时，我们可能会有相当不同的想法，但在团结的品质、日常体验和对世界存在的方式上，我们往往没有太大差异。你不妨也试试看。

然后，我会请在场的人思考一些典型的增长故事，比如，特斯拉公司的埃隆·马斯克、元（Meta）的马克·扎克伯格或亚马逊的杰夫·贝佐斯等人。然后，我再请他们思考那些成就永远无法用股价衡量的人，比如圣雄甘地、纳尔逊·曼德拉或特蕾莎修女，然后让他们与身旁的人讨论，他们更愿意将一个国家的领导权委托给这些人中的哪一个，并思考在这些不同的情况下，他们对未来有怎样的感受。

在这个实验中，你几乎可以亲身感受到，如果每个人都不追求不断加快的步伐，不努力重建和积累更多财富，将给社会带来多大的压力。因为关心某些事物，为之努力工作，即使我们知道这样做并不能带来财富，甚至可能完全不以金钱为动力，这同样是我们进步历史的一部分，也是获得满足感的来源。我们不仅是自私的，也是无私的，我们可以关心、欣赏和分享，感受到责任和联系。然而，为了使不断增长的追求成为进步、繁荣或人类自然进程的同义词，我们掩盖了我们生存中的许多层面。

当然，对于经济活动的本质问题的思考并不新鲜。在250年前的工业化初期，具备洞察力的思想家们已经探索了与"美好生活"相关的艺术，而这些经济概念至今仍在被提及。其中之一便是英国法学家和哲学家杰里米·边沁（Jeremy Bentham）。在他看来，人从根本上受两种感觉驱使，这两种感觉像主人一样统治着我们的内心，那就是快乐和痛苦。边沁认为，我们所思考、所行动和所追求的一切，都是为了增加快乐或减少痛苦。他写道："正确和错误的标准以及因果关系都是确定的。"

边沁是一位有影响力的社会改革者，在他看来，追求幸福的最大化和不幸福的最小化是人类努力的动力和目标。对他而言，评估一个行为是好是坏并不取决于道德，而仅取决于它是否真的有用，即是否有益。因此，这种思维流派被称为功利主义，也被称为功利主义哲学。它主张，行动的净效益决定了它是否对社会的幸福做出了贡献。

直到今天，许多经济模型仍然遵循着最大幸福原则：其中模拟的经济决策按照人们的偏好进行编程。新古典经济学家继承了边沁的思想，将货币价值作为衡量效用的指标，因此更高的货币价值相应地代表着更高的效用；否则，人们就不会愿意支付更高的金额。对于边沁来说，功利主义社会的最终目标就是实现"最大多数人的最大幸福"。换言之，国民经济中的货币总额告诉我们：我们是否在朝着正确的方向前进。

然而，自由主义思想家和古典经济学的奠基人之一，约翰·斯图亚特·穆勒，在几十年后就意识到这不可能是故事的终结。在 1848 年，他直言不讳地问道，为什么当那些本就已经比其他人都富裕的人再次将他们的财富翻倍时，这被看作是成功的象征，尤其是这种增长几乎不比炫耀财富好到哪里去。此外，他在频繁的徒步旅行中观察到，这种扩张性和剥削性的经济活动对他看重的自然和景观产生了影响。对于穆勒来说，强烈的物质增长阶段是暂时性的，越来越多的物质舒适不能成为进步的目标："只要人们的思想还很粗糙，他们就需要粗俗的刺激，让他们去追求吧。同时，那些不将这个非常早期的人类发展阶段视为终极阶段，并对这种经济进步相对漠不关心的人应该获得谅解……单纯的生产和积累增长。"根据他的观点，生活只有在社会平衡状态下才能茁壮成长，这种状态下"没有人贫穷，没有人渴望变得更富有，也没有人担心被那些自我前进的人的努力推开"。穆勒认为，为了给深层次的人类潜力发展创造空间，需要稳定人口数量并减少工作时间。对于穆勒来说，经济增长并不是为了个人的财富积累，而是为了通过社会进步获得超越物质需求的自由空间。

约翰·梅纳德·凯恩斯（John Maynard Keynes），20 世纪最重要的经济学家之一，在穆勒提出上述观点大约 80 年后被广泛引用的《我们后代在经济上的可能前景》一文中，再次详细描述了这一点。他预测，最迟在 100 年内，人类将摆脱基本的物质需求束缚。他也假设人口数量将趋于稳定。科技进步和金融资本将大幅提高生产力，以至于"经济问题……将得到解决"。对他来说，这个问题只存在于人们没有得到充分物质供应的情况下。根据凯恩斯的估计，到 2030 年，一个人每个工作日只需要工作 3 小时，就可以获取足够的食物、衣物和住所。这必然使人们面临如何利用所获得的时间，以便能够"智慧、愉悦和良好地生活"的问题。

他确确实实这样写道:"智慧、愉悦和良好地生活"。

当穆勒发表他的著作时,每天工作三到四小时所取得的结果与今天使用众多机器的效果完全不同。而当凯恩斯于1930年发表他的文章时,世界正处于经济危机之中。此时,广大人群还没有时间去考虑生活的意义,因为他们尚未享受到财富带来的无聊感。然而,现在已经过去了90多年,凯恩斯对生产力和增长的预测甚至被证明是相对保守的。全球北方地区的物质生活水平比过去足足增长了17倍,而非8倍。那里的物质需求已经得到充分满足。根据凯恩斯的预测,年工作时间本可以减少三分之二。然而,实际上,全球北方地区的年工作时间只减少了三分之一,而自1960年以来,这些国家的就业人口比例又增加了10个百分点。因此,从比例上看,现在全球北方地区参与国内生产总值的人口比例要高于将近100年前。我们离每天只工作3小时的日子还很远。

那么,我们所谓赢得的时间究竟去了哪里?

现代社会是一台不断增长的机器。与我们祖辈那一代相比,如今我们拥有更多的社交联系,拥有更多物质财富,频繁搬家,频繁旅行,频繁更换工作。可获得的信息和存储的数据以越来越短的时间间隔倍增,而产品和潮流的半衰期则越来越短。如今,每年乘坐飞机的人数是凯恩斯时代地球上生活的人数的两倍。我们的距离感和对持续时间的感觉正在不断更新。在股市中,决策的权力已不再掌握在人类手中,而是由算法来决定应该交易哪些股票,因为每一秒都至关重要。智能手机让人们能够以前所未有的便捷方式去接触世界，而且我们已经习惯每两年更换一部新手机，以追求更快捷的功能。

在 2017 年的著作《深度互联：如何在信息超载时代重塑社交健康》中，英国作家和企业家茱莉亚·霍布斯鲍姆将一系列词汇汇总在一起，为指数级技术增长带来了一些深思：信息超载、时间匮乏、技术泛滥、网络混乱、组织臃肿和生活困顿。她关注的不是数字的增长，而是某些正在减少的事物：社交健康。她指出："如果你没有动力，或者感到自己被困住、压倒、管理不善或身处一个功能失调的环境中，那你就无法高效工作。然而，我们的工作和政治生活大多都是这样：功能失调。这样的生活缺乏社交健康。"

当别人问你现在怎么样时，你是否经常回答"还好，只是有点忙"？

你是否真的相信 5 年后的生活会有所不同，或者在回顾过去时，与那时你需要做的事情相比，现在的生活会显得更加轻松？

甚至"很多"这个概念的半衰期也在以惊人的速度变化着。人们永远不会满足。

从系统论的角度来看，现代社会处于结构上的不平衡状态。为了获得稳定，它需要外部能量来进一步推动其活动。这种推动导致了系统的复杂化，并产生了生态和社会方面的混乱，而这些混乱又通过增长、加速和复杂化来进行调节。

就像刘易斯·卡罗尔（Lewis Carroll）的《爱丽丝漫游奇境记》中红皇后所说："在这里，如果你想停留在原地，就必须尽可能快地奔跑。"

结果就是，现代社会的人们无法减慢速度，否则就会跌倒。加速和增长成为常态。只要我们没有摆脱这种逻辑，所有试图解决增长所带来问题的努力都只是在做表面文章。因为实际上，我们只是在一个不断前进的跑道上奔跑，无法摆脱这些后果。

因此，谁来定义何为进步呢？是人类还是我们所处的以指数增长为导向的系统？是谁来决定，当所有的技术都已发展到一定程度后，我们何时能够停止奔跑，实现良好生活的最初目标呢？

当然，动态系统始终在不断变化，我们必须做出适当的应对。然而，如何有效地回应取决于系统中已有的存量和动力，正如我们在本书的第一部分所看到的那样。当人们面临物质匮乏的困境时，加快或增加一些过程是非常有意义的，而且可能需要尽快采取行动。然而，这并不意味着我们可以忽略以下问题：我们实际上要达成什么样的目标？这些活动将对哪些相关环境产生影响？

当加速和连接达到系统的极限时，就会产生超负荷的情况。超负荷意味着系统应实现或消耗的资源超过了其设计能力。短期内这是有望实现的，尤其是复杂系统在应对挑战方面能好好表现的话。然而，如果系统没有时间恢复，就会导致严重的损害。这适用于自然界和人类。即使对于高盛的员工来说，一天也只有 24 小时。

那么，为什么我们仍然选择继续前进呢？

这个问题在 1976 年的《增长的社会限制》（*Social Limits to Growth*）一书中被英国经济学家弗雷德·赫希（Fred Hirsch）深入探讨过。他试图找出凯恩斯的预测似乎完败的原因。为什么那些已经富裕的人们不断竞争，从而使得社会中其他人拥有的资源更为稀缺？为什么物质富裕的社会仍然表现出失望和沮丧的特征，有时甚至比贫穷的社会还要更糟糕？

在他的研究中，赫希起初从我们传统上与"增长"相关的事物出发，即商品和服务以及它们对人们的价值。直接的效用很容易理解，它源自消费情境本身，比如取暖器提供温暖、面包提供饱腹感、一小时的教学提升技能。除了经济学的传统视角，赫希还对社会学视角感兴趣。他关注那些试图更深入地理解为什么拥有更多的商品和服务总是更好，而不管已经有多少学科存在。

赫希给出的答案是：由于我们对其带来的社会效益有所期望。

这种社会效益的关键并不在于某种消费品对我个人是否益处多多或者是否美味，而是其他人未能拥有这种物品。拥有或使用这些商品和服务使我在社会中处于不同的地位，这让我感觉更好，因此赫希将这些商品称为位置商品。根据他的观点，正是这些位置商品推动着我们对增长的追求。就像其他增长因素一样，这在没有指数级增长动力的情况下是没有问题的，直到我们超过了目标。赫希通过自创的"社会稀缺性"这一概念指出了这一点。这个概念实际上表明，增长型社会无法为尽可能多的人创造最大的幸福。相反，会出现拥挤的现象。

这是因为，第一，在有限的空间（如地球）里，如果每个人都追求得更多，就会导致物质短缺。越来越多的汽车并不能带来更多的自由，而是更多的交通堵塞。第二，只要相互竞争的追求构成了我们的基因，社会就无法实现每天只工作 3 小时的目标。位置商品之所以有价值，是因为它并不是许多人都可以获得的。然而，经济增长和更多人能够购买之前无法触及的商品，只能在表面上提供一种解决方案，而从长远来看，这种解决方案很快就会变得不可行。因而，一旦我们在物质上满足了需求，位置商品在我们比较生活方式的重要性时会进一步提升。作为高位者，我对自身地位的感知标准会不断提高。这两者相结合会导致各种社会问题，从而破坏为所有人带来最大幸福的宏伟目标。

湖边的地块就是物质瓶颈的一个例子。这类地块数量有限，因此具有双重价值。如果地方政府过于追求通过出售这些地块获得的短期收入，很快湖边地区将被大量建筑填满，大部分人将无法再享受到湖边的资源。随后地块价格不断上涨，用于休闲娱乐的公共区域逐渐减少。这既令较为贫困的人们感到沮丧，也让那些即将能够购买这类地块的人们感到失望。

社会瓶颈的例子可以是高薪职位或备受追捧的工作岗位：它们也是有限的。然而，随着越来越多的人获得适合这些职位的教育背景，竞争压力进一步增加。即使我们拥有再多，这种挫败感也无法通过更多的增长来消除。正如赫希所指出的："单个购买行为带来的个人利益是明确的，但所有购买行为的总和利益仍然为零。"他强调"个体和集体进步之间的联系已经断裂"。因此，社会拥挤超过了物质拥挤，因为你的财富增长意味着我的相对损失。

从这种富裕增长的悖论中，我们无法通过购买更多来摆脱困境。如果我们尝试这样做，我们只会增加投入，而不会结束游戏本身。作为一个在位置性社会中生活的人，他们认为这是理性的、不可避免的，并相应地采取行动。随着增长压力越来越大，自由的承诺也与持续奔跑的概念一起摇摇欲坠：对于大多数人来说，"得到你想要的与你喜欢的方式越来越分离"，赫希写道。

因此，直到我们开始关注社会上的稀缺现象，增长社会的幸福和自由承诺才能实现。

人类是否需要改变自己，以便改变这种状况呢？

根据弗雷德·赫希的观点，我们不需要剥夺人类与他人比较和超越他人的自然倾向，也不需要教育他们如何去合作及分享。因为人类本来就具备竞争和团结的能力。赫希关注的问题更多的是我们何时采用人类的哪种行为方式，以及如何在我们的社会结构中促进它们。

因此，赫希写道，市场体系在其初期成功的原因具有讽刺意味，正是因为它在一个强烈受前市场社会伦理观念影响的社会中扩展开来，即一个尚未将一切都按照竞争和货币价值原则组织起来，而且十分注重关注他人、相互尊重和互惠的社会。直到后来，个人利益才成为普遍的行为规范和组织逻辑，这从系统层面削弱了平衡行为的反馈机制，而这种平衡行为本来能够确保各种行为形式的平衡和规范。根据赫希的说法，从"个体拥有一定程度的竞争和选择权"带来的优势开始，随着时间的推移和广泛传播，"竞争的虚假前景所带来的劣势逐渐显现——个体根据被给予的错误信号来优化自己的位置"。这样就产生了一种错觉，即这种位置优化对于所有人来说都是可能的，而不仅仅只是少数人的专属。

赫希指出，弗里德里希·哈耶克（Friedrich Hayek）或埃德蒙·伯克（Edmund Burke）等保守自由派经济学家，也曾对这种增长的社会限制发出警告。整体并不一定与所有部分的总和相同：当这些个别价值选择并不产生积极的累加效果时，将它们相加会导致测量结果出现扭曲。

我们该如何回到对整体的视野呢？

赫希认为，关键在于改变对个人追求财富与社会发展之间相互作用的视角，这个视角应当以社会目标和指标为导向。如果没有社会的开放和民主的讨论去界定和保护边界，那解决社会紧缺问题将是困难的。实际上，对于富裕国家而言，社会紧缺问题不仅仅是经济上的缺乏，更是一种文化和社会上的挑战。在关注整体的变化视角中，我们需要看到两个方面：除了个人偏好，还要关注他人的处境。这也涉及伦理准则，以决定在不同的情况下什么行为才是适当的：是竞争还是团结。

"经济自由的美化所犯的罪之一，就是个人不再知道两种情况之间的界限在哪里。" ❶

穆勒和凯恩斯也持有这样的看法。后者担心我们需要一些时间，才能使内心的"老亚当"失去力量，这种力量总是需要做更多和拥有更多才能感到满足。因此，他从未想过将经济激励机制和社会结构定义为支持这种"亚当取向"。在位置竞争中，我们都无法回答像"何时足够才是真的足够"这样的问题。

在那里，它只会引出另一个问题，那就是："其他人有多少？"

2005 年，《国家地理》杂志对长寿的奥秘进行了研究，探讨了世界上 5 个特别长寿地区的特别之处。这些地区被称为蓝区，分布在几乎所有大陆上，包括撒丁岛、希腊、日本、哥斯达黎加和加利福尼亚。尽管这些地区的居民所属的文化有所差异，但研究人员从中发现了一些共同点，这些共同点

---

❶ 赫希在《增长的社会限制》一书中引用了美国经济学家威廉·维克里（William Wickrey）的话。

可能解释了为什么这些人的平均寿命更长，而且保持了更长时间的健康状态。对于所有这些人来说，家庭和与之最亲近的人是最重要的。他们在为社区做出贡献中找到了意义和满足感。他们都融入了这样的社区。同时，对他们而言，适度的身体活动是他们生活的重要组成部分。他们都保持着健康的饮食，主要以植物性食物为主，不吸烟，偶尔会喝一杯葡萄酒，并且学会了应对压力的方法。

这些人感到满足并不奇怪，对吧？我也认为这并不令人惊讶。

显然，即便是有助于长寿和健康生活的活动，也往往会在人们试图过度加速和压缩它们——也就是说，试图在同一段时间内做更多的活动——的时候失去其效果。充足的运动、健康的饮食、良好的仪式和社交联系都是这样。但这并不意味着这些在社会中没有发展的空间：他们只是追求着不同的目标。在蓝区的人们从事这些活动是出于自身的兴趣，而不是为了提升自己在他人心目中的地位。通过这样的生活方式，他们获得了更长的寿命、更健康、生活更有意义。这种价值创造无法用经济学家通常用来衡量增长的货币价值来衡量。因此，以不同的方式发展也意味着以不同的方式进行衡量。否则，我们所衡量的价值将无法真正了解是否实现了目标，以及如何实现。数字也可以诉说故事。当故事发生改变时，创新、技术、规则和合作也会相应地发生变化，从而创造出对世界和自我有不同体验的新局面。

我想起了匈牙利裔美国心理学家和幸福研究者米哈里·契克森米哈赖（Mihály Csíkszentmihályi）提出的"心流"（flow）这一概念。在 20 世纪 70 年代，他思考了人们在全神贯注地从事任务时的心理状态。这种状态我们都很熟悉，虽然只能短暂地维持，但一旦体验过，我们就会一再追求它。契克森米哈赖将其称为"心流体验"，因为他的研究对象——包括艺术家、运动员和科学家——在行动中表现得非常自然，就像被一股流水带动一样。这种体验通过个人、任务和情境之间的和谐而产生，它是纪律训练和内心平衡的交融，是控制和创造之间的一种游戏性体验。关键是，在活动要求与个人能力之间要达到一种平衡，既不过于简单也不过于困难，这样才能专注地投入其中，收获愉悦和成功感。心流体验可以在各种活动中实现，例如，我们从事的物质生产和消费活动，不论是独自进行还是与他人合作。只不过不像在高盛每周工作超 100 小时那样。值得一提的是，对自己的担心和对他人评价的恐惧也会阻碍心流的产生。

契克森米哈赖指出："在进化中存在着两种相互对立的趋势。一种趋势是朝着和谐的方向发展，例如，通过合作获取能量并有效利用新能源或消耗的能量；而另一种趋势则是朝着熵增的方向发展，即通过自私的能源获取方式去剥削其他有机体，最终导致冲突和混乱。"

和穆勒、凯恩斯以及赫希一样，契克森米哈赖也思考了在人类社会中可以抑制增长逻辑的限制措施。他发现这些限制体现在心流活动中，其关键特征是人们从事这些活动是为了它们本身，而不是为了改善自己在系统中的地位。心流不仅让人们通过行动本身产生了幸福感，也对争夺报酬、地位象征和权力地位的竞争起了反作用。心流还能够提升人们的卓越表现、创造力、才能发展、生产力、抗压能力和自尊。这使得契克森米哈赖看似以个人为中心的方法具有了社会维度。当个体能够与自己的行动和谐一致时，一个由许多这样的个体构成的社会就有更少的奔波和更多的流动。这是出于一种人们的内生动机而非外在动机。契克森米哈赖写道："当我们超越自我、克服新的障碍时，产生的喜悦是对于那种永恒不满的正面回应，正如歌德在《浮士德》中所表达的那样。"

如果有人问起我们的财富，我们会想到超越自我的那些时刻吗？

很可能不会。我们可能首先想到自己的银行账户、储蓄计划或股票组合，然后尝试估计我们可能拥有的资产的市场价值。例如，汽车、公寓、土地或房屋。如果对方质疑这是否是我们的全部财富，我们可能还会提及从工作、租金或租赁中预计获得的收入。我们可能会辩称这些财务资源确保我们能够获得我们认为重要的商品和服务。

但是，我们是否会想到自己在社区中能够做出什么贡献？或者反过来，其他人、公共物品和基础设施是如何帮助我们过上良好生活的？我们是否会想到我们每天都理所当然地享受的自然服务？

在我看来，思考这些问题将非常有益，因为我们现在已经看到，我们为了追求更多的消费和资产而付出的努力正在对自然和人类造成无法弥补的伤害。

目前有许多方法试图补充"国内生产总值"的概念，以更好地描述社会福祉，也被称为"幸福感"。这些方法不仅关注当前的福祉情况，还着眼于未来福祉的基础条件。作为标准制定组织，经济合作与发展组织（Organisation for Economic Cooperation and Development，OECD）采用了四个不同的资产概念。其中，经济资本包括人为创造的和金融方面的资产；自然资本则涵盖了自然资源、土地利用和生物多样性，以及所谓的生态系统服务；人力资本则关注个体的技能和健康状况；社会资本则指社会规范、共享价值观和促进相互合作的机构。这些不同类型的资产构成了社会的财富基础，为信息、能力、资源和对社会发展的投资提供了支持。

在满足人们需求的改进方式上，还存在许多潜力，可以不再耗尽这些资产，而是再生并进行质量上的进一步发展。

从英国经济学家帕萨·达斯古普塔（Partha Dasgupta）为英国政府撰写的有关生物多样性的研究中，就可以看出扩展财富概念的价值有多大。在该研究中，他和一个国际合作的团队在600多页的报告中详细阐述了自然对我们社会经济的重要性。研究团队将生态系统服务分为三类：提供物质和能源，例如，我们日常所需的食物、淡水、生物化学物质、药物或遗传资源；调节和维持，包括地球系统过程，如行星边限概念试图把握的二氧化碳循环、水的净化、垃圾的分解、氧气产生和养分循环；而文化服务则涉及娱乐、灵感、宗教仪式和精神体验，无法用具体数字来衡量。自然复杂系统能够提供所有这些服务，是因为它们也在流动中——通过营养循环和能量相互连接。因此，它们能够随着时间为人类生活不断提供巨大的财富。然而，它们的节奏不是根据人类对地位商品或以欧元衡量的生活水平的需求，而是根据生物的传粉、分解、过滤、冲洗、运输、转化或重新排列的速度。如果我们没有对这些过程的价值有所了解——因为我们没有相应的指标，那么很难去珍视它们。这或许可以解释为什么我们总是自豪地看着全球人均国民生产总值在 1992 年至 2014 年翻了一番，而忽视了同一时期每人可用的自然资源存量缩减了 40% 的事实。达斯古普塔研究团队的成员们写道："所以我们似乎生活在最好的时代，也生活在最坏的时代。"

那么，我们的应对政策又是如何呢？

让我们来看看粮食短缺问题。当前的说法是什么呢？放弃保护生物多样性的目标，立即将土地用于种植——但绝对不减少养殖动物数量，这些动物为德国提供了所需农产品的 60%，而全球 70% 的农业用地用于放牧和饲料种植。为了生产 1 千克牛肉，我们需要约 25 千克饲料——玉米、大豆、甜菜——其中包含的蛋白质被牛消化后，再到达人类时已经损失了 94%。以能量价值（即卡路里）计算，这个转化过程的效率更低：当牛肉被摆在餐桌上时，饲料的能量只剩下原来的 1.8%。相反，我们也可以直接食用这些谷物或蔬菜，或者将其出口到贫困国家。这对气候、动物保护和我们的健康也有许多共同益处。

为了使"财富"的概念与 21 世纪相适应，我们首先应该客观公正地观察什么可以以何种方式进行长期增长，以及哪些排放和污染可以在何处进行多长时间的再次转化。因此，越来越多的倡议、企业、社区和经济学家参与其中，以更详细的方式评估和评价自然资源。这不仅涉及数量的评估，还包括了理解背后的复杂过程以及如何增强其再生的方式。是的，目前的情况令人震惊。但只有通过客观公正的观察，我们才能找到答案，从而重建这些财富资产，使未来的行动空间得以扩大，而不是缩小。甚至货币统计也支持这一观点。例如，每投入 1 美元用于森林地区，预计可以创造 7 美元到 30 美元的价值。如果我们转向"自然积极"的模式——这一概念意味着改变生态系统的经营方式，使人类的活动旨在恢复和加强其资源和循环——根据世界经济论坛的数据，到 2030 年可以获得超过 10 万亿美元的经济增值，并创造 375 万个新的工作岗位，让人们积累自己的财富，理解这些再生网络，并以更加尊重地球上其他生物的方式与之互动。

那么，如果政策跟不上怎么办？

因此，我们需要社会中更多的支持来推动这一议程。我们每个人都有责任明确表达未来应该发展哪些资产，并确定实现这一目标所需的路径。福利经济（wellbeing economies）运动已经成功地展示了如何实现这一目标。现在轮到我们所有人要求企业公开它们的成本和收益，以便超出市场价格的经济过程所带来的影响变得可见，包括那些无法赢利但创造了巨大价值的方面。这正是一些商业领袖已经自行推动的方向。

在当今社会，我们将金钱和物质财富作为衡量成功的标准。然而，即使在关于金融市场和投资者需要更好的指标的讨论中，我们也能看到赚取大量金钱并不等同于可持续的价值创造。相反，想象一下，如果我们开始仅赞扬那些明确展示如何再生我们的社会、人类和生态财富的解决方案——这是一种由外及内的方法，财富就不再是一个名词，而是一个动词。它不再代表拥有某物，而是代表我们有能力去实践某种行动。这是一个非常积极的消息。因为这意味着我们迈向了从视野一到视野三的第一步。

那么，我们是否需要废除资本主义呢？

尽管我理解这个问题，也经常被问到这个问题，但在这个背景下，我认为这个问题并不是最重要的。

让我们开始摆脱那些束缚我们的各种主义的限制。这些词汇往往只是空洞的口号，一方用它们作为掩护，另一方用它们来划定阵线，很少能够真正起到桥梁的作用。因为实际上并不存在单一的资本主义，而且我们的市场经济在过去40年中发生了飞速的变化。我们应该抛开这些标签，转而关注我们今天的经济体系无法实现其承诺的原因。只有在解决了这个问题之后，我们才能进行必要的改变。科学的任务就是找出这其中的关键推动因素。我们可以将其称为对资本主义的批判，或者将其视作一个迈向进步的进程。我更倾向于后者，因为它将我们的视野提升到了第三个层面。最重要的是，我们要以清晰的思维、不断学习的态度前进。因为未来源于我们的现在，它不是一种状态，而是一种心态。

系统陷阱
依赖

如果一个社会在解决问题时只治标不治本，就会产生对治标疗法的依赖。这就好比职业倦怠：如果我们不坦诚地面对我们那令人担忧的健康状况，我们就无法采取行动来提升我们的能力，恢复平衡。无法看清问题的真正核心意义，就无法着手解决问题的根源。我们陷入了治标不治本的困境，这进一步削弱了我们的社会，并加深了依赖性。如果我们不希望最终崩溃，就必须将重点从短期缓解转向长期重组。

互联——技有异同

> 一个接纳技术的社会需要内在的坚强力量，以免
> 受到目标的诱惑，沉溺于贪婪之中。
>
> ——约瑟夫·魏岑鲍姆（Joseph Weizenbaum），互联
>
> 网先驱

2017 年，脸书（Facebook）❶的负责人们得出了一个令人不安的发现。尽管这个社交网络仍然是世界上最大的，全球拥有超过 20 亿的用户，并且仍在增长，但内部统计数据显示，人们在平台上的参与度有所下降。他们发表的评论越来越少，分享的内容减少了，登录时间也缩短了。或许是脸书变得乏味和沉闷了？负责人们无法确定原因。但是，他们明确意识到必须采取行动。毕竟，脸书的赢利不是通过向世界提供一个受人喜爱或讨厌的免费社交网络来实现的，而是通过在该网络上插入广告来赚钱的。对于那些希望在脸书上投放针对性广告的公司来说，该业务不仅提供了吸引用户注意

---

❶ 2021 年更名为"元"（Meta）。——编者注

力的机会，还提供了关于他们的兴趣、态度和决策模式的信息。广告实际上才是脸书的主要商品。根据这种商业模式，该公司在 2017 年实现了 170 亿美元的利润，成为以关注度换取经济收益的领域中的一家巨头。当用户对该网络的兴趣似乎有所下降时，负责人们感到非常担忧，并决定在脸书的一个核心方面进行改变——算法。

每当有用户登录该社交网络时，脸书就会抓取其爱好，推送对方或许会感兴趣的内容列表。这个列表被称为"新闻推送"（Newsfeed），它是平台为每个用户生成并不断更新的个性化日志，其中包括朋友或家庭成员评论过的照片、视频、链接或帖子。当然，这并不是脸书上所有流传的内容，而全部内容的数量实在太多了。它是一个由算法为每个用户精心策划的选择集合。根据脸书收集的用户数据，该算法决定了哪些内容将突出展示，哪些内容将被忽略。因此，它决定了哪些内容会扩散传播，哪些内容将被忽略。Newsfeed 算法是脸书的核心和第一商业秘密。在该算法的工作方式和选择标准方面，除了公司内部，几乎没有人有深入了解。这对于一个影响数十亿人对世界看法的工具来说是一个不可忽视的问题。

2017 年，脸书的管理人员进行了一次罕见且重大的算法调整。他们的目标是鼓励用户更多地进行社交互动，以便让他们在平台上花费更长的时间，而不仅仅是被动地观看媒体和品牌发布的视频或消息。为此，脸书引入了表情符号，这些小图标可以表达喜悦、悲伤、惊讶或愤怒等情感，并将算法进行了相应的调整——从那时起，带有表情符号评论的内容相比传统的"点赞"按钮在算法评估中获得的权重提高了5倍。此外，算法还更加重视用户的评论和分享行为。如果一篇帖子在用户之间引发了讨论，那么它在新闻动态中的位置将自动提升。

"在那时，我改变了对生产团队的目标"，脸书首席执行官马克·扎克伯格在一篇帖子中写道，"旨在帮助大家拥有更多有意义的社交互动，让我们感到更多联系和减少孤独感。""我们要确保我们的服务不仅仅是有趣的，而且还能增进人们的福祉。"

不久之后，这一改动的影响开始显现。由于算法的优化，带有表情符号的帖子开始更快地出现在新闻源中。与此同时，公司的数据分析人员注意到许多这些帖子中包含了假新闻、阴谋论和仇恨言论。媒体公司向脸书发出了警告，指出其新闻推送有大量具有煽动性、极端化的内容。政治党派表示，他们现在以更激烈的口气进行沟通，并对政治对手进行更严厉的攻击，因为在脸书上这样做效果会更好。尽管算法并非旨在奖励负面内容，而只是偏好情绪化内容，但负面新闻往往比正面新闻更容易引起人们的共鸣。负面内容会激起人们的愤怒、恐惧或忧虑。如果一篇帖子能够引发用户的情绪，让大家多多参与讨论，那么它将在算法中得到更好的排名。事实上，人们在平台上停留的时间变长了，但他们也越来越沉迷于在辩论中争夺最后的话语权。纷争、对抗和排斥现象增加了。事实并非像脸书承诺的那样让人们更加团结，反而放大了人们之间的分歧，而这样只会徒增愤怒情绪而不是幸福感。这些情况都没有逃过数据分析人员的眼睛。

2019 年，该公司的一名员工进行了一个实验，他在社交网络上注册了两个虚构的用户。这两个用户都是四十多岁、有孩子的女性，居住在北卡罗来纳州，并对政治感兴趣。唯一的区别是，其中一个名叫克罗尔，她支持共和党，关注特朗普、他的妻子梅拉尼娅和《福克斯新闻》的账户；而另一个名叫卡伦，她倾向于民主党，关注左翼参议员伯尼·桑德斯。随后，该员工让算法开始运行，不久后，算法开始向这两位女性推荐那些政党的极端内容。对于保守但非极端的克罗尔，他推荐了一些来自极右阴谋论组织 QAnon 的材料，他们声称世界被奥巴马领导的一群恋童癖撒旦教徒精英统治。而对于自由派的卡伦，他推荐了一些反特朗普的页面，其中有些内容令人生厌的照片。最初两位女性并没有太大的差异，但在短短几天内，她们发现自己陷入了两个完全对立的世界。这个实验说明了在脸书上形成的回音室现象，这一现象在其他社交网络上也很常见。

弗朗西斯·霍根（Frances Haugen）在 2021 年秘密向媒体透露了一份文件，其中包括她之前在脸书工作期间的一项实验。这份文件向公众揭示了该公司的内部情况，这是公众以前未曾了解的。霍根曾在脸书的一个部门工作，该部门的任务是打击虚假新闻和仇恨言论，但她逐渐对该部门的规模之小和人手不足感到失望，也对该公司未能履行其公开承诺而感到不满。在 2020 年美国总统选举后，她所在的部门被解散，霍根决定以举报者的身份站出来，向公众披露内部情况。

"我今天在这里是因为我相信脸书的产品对孩子造成了伤害，它们引发了社会分裂并削弱了我们的民主制度。"她在 2021 年秋天出席美国参议院委员会听证会时表示。霍根认为，该公司的高层完全清楚如何使该网络更加安全。"但是他们没有采取必要的改变，因为他们将巨大的利润置于人们的福祉之上。"

并非只有霍根一名脸书员工认识到是算法导致了社会分裂这一问题，以及过激情绪成为脸书衡量增长和成功的驱动因素。许多员工不断撰写备忘录并提出建议，以纠正这种发展趋势。就在特朗普支持者冲击华盛顿国会大厦的前几天，脸书员工们在内部一再警告，这一运动正在社交网络上迅速形成声势，并呼吁采取干预措施。毕竟，他们是在一个或许是有史以来由一个独立群体掌控的最具影响力的沟通系统中工作。他们清楚地知道，如果脸书希望实现其宣称的目标，即让用户在脸书上建立更有意义的社交互动，公司就不应该进一步推动目前的趋势。同时，他们也意识到，他们的雇主与其公开宣称的目标背道而驰，其实际运营目标与此不同。然而，决定坚决缩小这一鸿沟的权力只掌握在脸书的创始人、首席执行官和最大股东扎克伯格手中，他不愿减缓这些趋势，因此犹豫不决，直到很久以后才最终决定修正算法。

"最终责任始终在扎克伯格身上。"霍根在美国参议院的听证会上表示。

一个人如何能够掌握对近 30 亿人的沟通行为和世界观产生影响的权力？而现在的 Meta 公司除了脸书还拥有照片墙（Instagram）和瓦次普（WhatsApp❶），公众（甚至他自己）并不确切地知道它在做什么以及这会带来什么影响。

这是否是技术进步不可避免的结果？或者还有其他方法可以解决这个问题？

如今，技术已经无处不在，以至于我们几乎不再深入思考它的本质。我们习惯将技术视为解决问题的工具，而非问题本身的源头。这并不令人惊讶，因为我们能够过上比以往任何一代人都更加富裕、安全和舒适的生活，这要归功于技术不断提供的更多可能性，让我们能够利用技术为我们工作并解决问题。技术的进步使我们的世界与我们的祖辈和父辈所处的时代有着显著的区别。从过去提升人类身体力量和移动速度的大型机器，到如今能够捕获、处理和传输信息的机器，它们同时运行的数量更多，运行速度也更快。曾经引人注目的是庞大的工业综合体，而如今网络化的微型设备更加

---

❶ 一款免费的即时通信和视频通话应用程序。——编者注

吸引人。当德国全球变化咨询委员会（WBGU）撰写关于数字化和可持续发展的报告时，我们的技术专家坚持认为，在观察现实时，我们需要理解技术环境，即由人类创造的技术系统的总体以及与之相关的对自然界进行塑造性改变的过程。

当以技术的成就来讲述人类的历史时，我们会看到一条指数递增的曲线，从最早的石器到如今的量子计算机。在这个故事中，人类展现出了极强的学习能力和创造力，不知疲倦地致力于改善自身的处境。然而，当以文明的发展来叙述人类历史时，情况则要复杂得多。一些重要的成就，比如废除奴隶制、实现女性平等、建立民主政体，并不是稳固不变的，而是屡屡受到威胁，甚至可能被逆转。这是因为社会技术，如法律、制度和规范体系，需要我们积极参与才能持续存在。它们构成了一个复杂的关系和任务网络，其中包含各种角色和责任。人们可以选择远离这些网络。这也是社会系统与自动化系统的区别所在。或许正因为如此，技术成就看起来更加持久，因为它们的结构是实质性的。然而，人类常常会忘记战争并非解决争端的良策，尽管已经有了更好的认知，但是人类似乎不太可能忘记如何编制计算机程序。因此，我们几乎可以相信，人类的技术发展与文明发展并没有紧密联系。技术只是一种无情的工具，没有社会性的一面，它本身并不会改变社会。

但这是真的吗？

　　当美国科技哲学家阿尔伯特·伯格曼（Albert Borgmann）在 20 世纪 80 年代中期思考这个问题时，许多如今司空见惯的创新在当时还只存在于科幻小说中。然而，他的分析并未因此而过时，相反，依然具有极强的现实意义。伯格曼认为，技术给予人类的承诺在于繁荣和自由。它通过创造可用性来履行这一承诺。让事物在技术上变得可用意味着确保它们能够被"即时、无处不在、安全和简便"地使用。而技术实现这一承诺的工具被伯格曼称为"装置（device）"。与此相对的是"物品"（thing），后者无法实现这一承诺。

　　根据这个定义，集中供暖被视为一种装置。一旦你打开调节器，它会向每个安装了供暖系统的房间提供暖气，而且操作安全简便。使用集中供暖并不需要理解其工作原理。然而，对于壁炉而言，你需要获得木材，需要去砍伐、运输和切割。而且暖气并非即时可得，你需要先点火并了解如何进行操作，还需要不断地添加木材——即使这样，壁炉也只能为一个房间提供暖气。集中供暖减轻了我们从事这些活动的劳力。它将使用暖气与以往生产暖气所需的活动分离开来。不再需要人离开房屋、早起或监督火源。以前负责这些任务的家庭成员现在可以从事其他活动。也不再需要大家团聚在一起，因为集中供暖可以为多个房间提供暖气。壁炉不再是家中的必备品。这对个人如何感知周围环境产生了影响——温暖不再具有特定的气味，没有了氛围、木材燃烧的声音，也没有了共同点燃火源的体验。

在伯格曼看来，我们生活在一个以"装置范式"为核心的技术故事的世界中。商品和服务以一种"不引人注目的方式"被提供，将其背后的过程隐藏起来，使其远离我们的感知和理解。因此，装置也始终在改变我们的日常体验。

那么，这是否意味着我们都应该再次围坐在明火旁？

这意味着，如果我们确实有机会这样做，比如，在假期中、在度假屋里或朋友家中，通常是因为我们渴望体验那些被集中供暖取代的事物。集中供暖本来是为了使我们省去这些麻烦。

根据伯格曼的观点，物品和装置之间的关键区别在于，物品能够与我们的环境相互连接。为了在特定情境中实现所需的效益，我们需要投入时间、工艺技巧和知识。然而，使用装置几乎不需要或根本不需要这些要素。装置将实现目标所需的资源和过程与使用时刻分离开来。这就是装置所承诺的自由和便利：我们不再需要花费精力去处理周围的琐事。例如，我们并不了解智能手机的工作原理，但我们也无须了解，因为我们无法修复它。我们也不知道它是在什么样的工作环境下组装而成的，需要开采多少稀有元素，以及当我们获取存储在数据中心中的信息时，消耗了多少能源。当我们使用谷歌进行搜索时，我们可以找到我们想要的结果，但我们对如何筛选搜索结果以及我们留下的数据会被公司如何处理一无所知。我们在亚马逊下单，但我们无法理解为什么推荐给我们的是该公司的产品而不是其他公司的产品。我们在门口收到包裹，但只有在苏伊士运河被一艘集装箱船堵住或配送中心的员工罢工以求涨薪时，我们才会去了解它的旅程。我们购买全包服务，却惊讶地发现小品牌消失了，城市中心的零售商也不复存在。

我们打开一个社交媒体的应用程序，将其视为一种用于全球通信的小产品，我们进入互联网、全球网络的个人入口。但是，这个小产品只是一个与庞大的连接装置和数据集合的接口，而大多数访问权现在由少数几家公司控制着。请留意一下，在大多数网站上，你会直接看到亚马逊的订购按钮，而无须为不同的服务提供商创建新的密码，你可以使用你的谷歌、脸书或苹果（Apple）账户登录。你与这些账户相关联得越多，这些公司就对你了解得越多，也越不可能删除你的账户——因为你将需要在所有平台上重新注册。这被称为"网络效应"。因此，尽管原始的互联网愿景仍然在故事中存在，或者通过元宇宙的概念重新呈现，但进入这些世界并不自由，而是需要通过中介来获取访问权。数字产品形成了一个遍及全球的准国家技术领域，该领域由少数几家公司掌控，这些公司因此变得极其富有。

而如今，互联网已经成为世界上最大的装置。我们注视着屏幕，却无法看到网络背后的互联性，也无法意识到我们对这些网络和资源的支配会对我们产生怎样的反作用。在日本这样一个文化上高度数字化的国家，人们已经开始讨论

"数字帷幕"对人类与环境的体验产生的"非预期副作用"。

尽管阿尔伯特·伯格曼在撰写《技术与当代生活的特征：一种哲学追问》一书时，物联网还没有崛起，但他已经确认装置范式是我们当今社会的核心特征，提醒我们要通过屏幕深入了解技术和文明进步是否同步发展。

那么，我们通过技术追求的进步到底是什么呢？

2019 年，美国技术专家安德鲁·麦卡菲（Andrew McAfee）出版了一本书，试图证明将技术进步与国内生产总值的增长联系在一起是有意义的。他认为，通过追求利润，最有效的解决方案将获得广泛应用，从而实现资源的高效利用并减少对环境的负担。他以美国为例进行了一些计算，旨在验证一个关于技术的长期梦想：通过技术进步和追求不断降低成本的资本主义体系，仍然可以实现经济增长与自然资源消耗之间的脱钩。该书的书名翻译过来是《从少到多》，副书名为"一个令人惊讶的故事，讲述我们如何在资源减少的情况下实现了更多的增长和繁荣，并探讨如何拯救我们的星球"。

麦卡菲提出的例子令人印象深刻。实际上，自 21 世纪以来，美国经济在关键金属（如铝、镍、铜、铁和黄金）消耗下降的情况下，仍在保持增长。这一趋势同样适用于水泥、沙子、石头、木材和纸张等资源。根据美国地质调查局的数据，该联邦机构负责统计国内 72 种原材料的消耗情况，其中有 66 种原材料已经越过了消耗高峰。显然，富裕国家也在朝着环境友好型的方向发展。

过去那些庞大、笨重、不准确、肮脏或耗能高的物品，如今变得更小、更轻、更精确和更高效。麦卡菲表示，尽管我们仍需要更多的公众意识和反应迅速的政府支持，但除此之外，我们只需要做更多我们已经在做的事情即可。他写道："我们无须改变我们经济和社会秩序的方向，只需继续向前加速。"

这个故事听起来很不错，但存在一个问题：麦卡菲隐藏了美国繁荣模式所需的重要资源和相当一部分过程。尤其让人印象深刻的是，他偏偏以苹果手机（iPhone）作为典型例子，展示了技术进步如何实现从少到多的转变。然而，这款设备几乎完全在全球南方生产，其中的原材料和劳动力也来自那里。但销售利润则计入了美国的国内生产总值，而大规模生产所带来的损害却留在了全球南方。这意味着许多发达国家在环境保护方面取得良好成绩，很大程度上是因为它们将生产过程中的污染问题外包给了较为贫穷的国家。这种做法被称为"外部化"。

当我们不再将麦卡菲的演示设定为特定国家，而是将整个世界作为整体来显示时，就会清楚地看到，迄今为止人类都未能将自然资源消耗与经济增长分离开来。自千禧年以来，全球资源开采量增加了 50% 以上，是可持续利用地球资源所允许的两倍以上。不论是金属、非金属还是化石燃料和生物质的使用量，在全球各地都呈上升趋势。水和能源的全球消耗也是如此。特别是对于美国来说，人均资源消耗量达到 32 吨，远高于二十国集团（G20），国家的水平，是全球平均水平的 3 倍，非洲大陆的 10 倍。

考虑到这一背景，我们可以将一个国家成功地阻止资源消耗进一步增长视为一种成功。然而，我们也可以自问，如果其他国家也像美国一样希望实现这样的目标，那每人的消耗量应该是多少，才能算是一个良好的目标呢？

麦卡菲的书在美国和欧洲广泛受到媒体讨论，这并不令人惊讶，因为它为富裕世界提供了一个叙述，以帮助它们重回领先者的地位。其受到了社交媒体实时的社会地位竞争的推动，利用个性化、与当前情绪相关的信息传播，在市场实际上已经饱和的情况下，仍然突破了最后的购买障碍，推动物品的积累。

在 2020 年，全球的数字广告支出达到了 1400 亿美元，其中四分之三的资金流向了十家大型企业。在美国，脸书和谷歌两家公司合计占据了在线广告支出的一半以上。因此，数字化技术革命在不断增长的消费水平中起到了重要作用。然而，我们利用技术带来的效率提升只是为了增加消费，而并非减轻环境负担。这种效应长期以来被称为反弹效应。只要不断提高对供应安全的要求，这种情况就会持续下去。

在富裕国家普遍抱怨的供应短缺问题上，我们可以清楚地观察到以下情况：在新冠疫情期间，封锁解除后，政府支出、廉价信贷以及人们急于花掉储蓄的美元，导致美国的商品流量在两年内增长了17%。但是，这一点在有关供应短缺的报道中并未受到重视。报道更多地关注如何通过量子计算来更有效地协调司机、卡车和集装箱，以确保充足的货物供应。美国专栏作家阿曼达·穆尔（Amanda Mull）提出了一个更简单的解决方案，尽管它需要较少的数字革命，更需要社会和文化的变革："停止购物——美国需要大家减少购买无用之物。"

"在一个将技术创新作为扩大开采和生产的杠杆的系统中，希望进一步的技术创新会以某种神奇的方式起到反效果是没有多少意义的。"英国经济人类学家杰森·希克尔（Jason Hickel）在他的书中写道，而这本书读起来就像是对安德鲁·麦卡菲的反驳。它的名字是《少即是多》而不是《从少到多》，并从不同角度出发定义了进步的概念：重点不是国内生产总值，而是人们真正需要什么来保持健康、得到满足和幸福。

如果我们不时刻意识到技术应该为何种目的服务，我们将无法理解其设计并控制其应用。

让我们再来看看能源系统。除了水力发电，长时间以来一直没有大规模获取可再生能源的方法。尽管从20世纪50年代末就有太阳能电池模块存在，但它们只被应用于航天领域，用于为卫星供电。直到20世纪70年代末出现石油危机，情况才开始改变。当时，美国时任总统卡特在白宫屋顶安装

了太阳能电池板，并发表了一篇颇具远见的讲话，宣布太阳
能时代的到来，尽管该设备仅能提供热水。然而，随后的里
根总统撤下了这些设备。石油危机已经结束，对气候变化的
关注尚未充分展开，改变能源结构的压力也减少了。风力发
电也存在类似的情况。在那之前，丹麦是唯一认真尝试了风
力发电的国家，但其努力仅限于测试阶段。在 20 世纪 80 年
代初，德国联邦研究部门委托建造了世界上最大的风力发电
机，它位于石勒苏益格–荷尔斯泰因，并且非常容易出现故
障，仅能运行数百小时。一种传言坚称，运营这些设备的能
源公司只是想证明风力发电没有未来。

我还清楚地记得 2006 年我们在世界未来委员会基金会制
作海报的情景，我们想要提醒人们，可再生能源所涉及的远
不止每千瓦·时电费的价格和气候危机。我们列出了一长串
的优势：分散发电减少了输电损失，设备建成后电费更低，
不再需要支付燃料费用，能源供应掌握在公民手中，因为消
费者也可以成为生产者，从而使得价格不易受到操纵。还有
一个重要的优势是能源安全性，这可以让人们不再依赖于资
源丰富的国家。然而，政治家们似乎在 2010 年后对这种多元
解决方案不再特别感兴趣。尽管政治家们公开宣称要实施能
源转型，但实际上最具影响力的目标似乎更多地由规模巨大
且有权势的能源供应商确定：它们关心的是如何在新体系中
保持长期的利润，并成为赢家。

那么，当系统无法实现其所宣称的效果时，我们该怎么

办呢?

系统所宣称的目标(比如能源转型或者扎克伯格所承诺的重要社交互动)和实际追求的目标(追求最大利润)真的是一致的吗?当对人类和社会财富造成巨大损害时,谁来判定这两者之间是否存在鸿沟呢?将我们社会的沟通和合作的纽带完全交给一些不以公共利益为导向的少数大公司,这又是否明智呢?这些公司已经变得如此庞大,以至于即使我们对它们的服务不满意,也几乎无法转向其他供应商,而且它们还在利用自己巨大的游说力量来确保这种情况不会改变。

当然,许多过去或现在活跃在技术领域的人士都提出了这些问题。技术伦理学家和谷歌前产品经理特里斯坦·哈里斯(Tristan Harris)表示:"技术依赖、极端化、愤怒文化、虚荣心的崛起以及每个人都想成为小名人的文化,这些问题并不是孤立存在的。"哈里斯相信,当我们使用技术时,它并未强化我们的优势,而是加剧了我们的弱点。他将这种结果称为"人类降级",并将其描述为"文化中的社会气候变化"。这听起来相当悲观。其他硅谷科技巨头的退出者也发表了类似的观点,而那些关注我们的福祉和合作共存所起的作用的专家们也对这一发展表示了担忧。

但我们是否应该完全关闭所有技术呢?当然不是。我们只需要以不同的方式设计和使用技术。

英国经济学家布赖恩·亚瑟(Brian Arthur)指出:"新技

术在实际构建之前，先是在我们的思维中被构建起来的，因此我们需要认真研究这个思维过程。"简而言之，如果我们改变我们的思维方式和意图，那么应用程序以及它们连接我们和世界的方式也会发生变化。为了培养对此的意识，阿尔伯特·伯格曼提出了与装置范式相对立的一种范式，我称之为"焦点范式"：他写道："将注意力集中在某个事物上意味着将其置于核心地位，使其清晰明确。"这就像我们在相机上调整光圈一样。

在伯格曼所述的焦点范式中，许多能够产生焦点的事物都是传统意义上的工具，我们通过运用自身的力量和动作与这些工具互动，从而与我们所处的情境相连接。因此，焦点范式始终描述了互动性，伯格曼提到了"焦点实践"。当我们进行这些实践时，我们不会忽视使用和创造之间的关系，而是清晰地看到它们，从而可以形成"能力和享受的统一，精神、身体和世界的统一，自我与他人的统一"。我不确定伯格曼是否曾与契克森米哈赖谈论过心流的概念，但随着数字技术领域的不断发展，保持平衡的焦点范式肯定对于将其与物理现实保持良好联系是有帮助的，以免失去视野和意义。

如果进一步思考，我们可以让设备展示其显示屏背后的工具和过程，使它们变得可见并受到重视。这种技术发展正在各个地方进行，只是通常被大型未来叙事忽视，这些叙事主要关注经济界的博弈。英国伦敦特里奥多斯银行展示了这种可能性，它公开展示了自己的投资去向；或者像Ecosia❶这样的搜索引擎，每进行45次在线搜索，就会种植一棵树，以保护地球的生态环境。此外，全球公共联盟发起了一些项目，利用新型传感器、无人机、数据库和模型来更好地了解生态系统，从而向农民和企业提供信息和报酬以维护生态系统。

也许私营部门过于追求速度，无法真正实现面向公共利益的目标。

多年前，德内拉·梅多斯就在2000年之前的第一次互联网泡沫时期指出："对于所有技术而言，关键在于谁来运营以及出于何种目的。"如果这些技术"由公司运营以生产市场可行的产品，那就意味着完全不同的目标和选择机制。"因此，我们有必要仔细观察大型企业的思维方式，特别是那些以"迅速行动并打破现有框架"为口号，采用明显具有侵略性的商业实践的企业。

同时，我们需要明白它们之所以能够如此快速地实现巨大变革，是因为它们拥有大量的财务资本。然而，这种财务资本主要追求的是快速的财富增长，而非公共利益或有限生态系统的可持续性。为了实现这种财富增长，我们不得不购买更多的便利产品并定期更换设备。否则，企业可能面临股价下跌或被敌对企业收购的风险。

---

❶ 绿色搜索引擎（www.ecosia.org）是德国的一家权威搜索网站。——编者注

听起来像一个恶性循环，对吗？

并不是这样。这只是我们当前技术体系中的一个陷阱，并不是自然规律。如果我们希望守护地球的边界，就需要勇敢地进行一场关于将有限资源整合到技术中的讨论。当前的供应问题提供了一个很好的机会来进行实践，如果我们不再简单地假装这一切都只是暂时的问题：难道芯片制造商应该优先向游戏行业而不是太阳能公司供应，只因为前者能支付更高的价格？

"有意义的社交互动"可以以多种方式实现。因此，不要被神秘的技术和金融术语吓倒，也不要因为你更喜欢花时间来关注细节、人际交往和享受生活，而被那些追求在元宇宙中完美表现的人们嘲笑。对于科技公司的社会许可证（Social License to Operate）的讨论正在蓬勃发展。人们也在寻求替代的商业模式，如合作社、开放创新平台或责任所有制，正如目的基金会（Social Licence to Operate）所倡导的那样。目的基金会的目标是保护企业目标和参与其中的人们，以防止与财务利益相关的个别利益影响实施的进行。

也可以说，公司的法律形式也是一种技术——一种社会技术。因为技术这个词最初来自古希腊语的 téchne，意思是艺术、工艺、技艺。它提供了一种方式，帮助我们寻找问题的答案，同时也让我们能够获得清晰的视野。如果今天的脸书是答案，那么问题是什么呢？在表达人际关系方面，我们仍然有很大的改进空间。

系统陷阱
竞争与升级

　　健康而敏捷的系统由许多不同的子系统组成，它们为解决更大问题提供了多种解决方案。然而，当子系统主要的关注点转为如何去排挤其他子系统时，合作竞争就会逐渐演变为恶性竞争。一旦垄断形成，这种趋势就可能导致极端结果和缺乏自由的局面。例如，即使商家对亚马逊持批评态度，但在销售自己的产品时也很难避免不去使用该平台，这进一步加剧了这种趋势。解决这个问题的途径可以是单方面的削减垄断地位，或者通过改进规则来重新调整对更大问题的定位。

行动——构有异策

随着各协会和团体对政治进程施加的压力日益增大，各个权力机构中自私自利的行为也变得越发放纵，对于所有负有责任的力量来说，确保尊重公共利益已成为一项迫在眉睫的任务。

——路德维希·埃哈德（Ludwig Erhard），政治家

巴黎是欧洲人口密度最高的城市。在这个面积不到柏林八分之一的地方，居住着超过 200 万人。对于每年成千上万涌入这座城市的游客来说，这可能并不重要。毕竟，人们通常是去法国首都参观那些令人惊叹之物。但对于在巴黎及其周边居住的人们来说，这样的事实却产生了巨大的影响。这意味着城市中的空间紧缺，所以城市的房价高昂。只有极少数人能负担得起，而那些有能力的人往往并不住在市内，而是将公寓作为投资手段。巴黎不仅是欧洲人口密度最高的城市，也是世界上房价第二昂贵的城市。大巴黎都会区的 1200 万人中，有 1000 万人住在巴黎周边的郊区，即位于城市与周边地区之间的多车道高速环路的外侧。他们每天上班都要来回通勤，每年在交通拥堵中要花费近 7 天的时间，即便在欧

洲这也是一个令人瞩目的超级纪录。他们也会选择乘坐市郊铁路或地铁,但这些交通工具几乎总是人满为患,必须争先恐后地挤进去。

许多巴黎人用"Métro, boulot, dodo"这组词来形容他们的日常生活,其含义是"地铁、工作、睡觉"。它借鉴了法国作家皮埃尔·贝尔纳(Pierre Béarn)在 20 世纪 50 年代的一首诗,诗中描绘了工作和居住相距甚远这一看似不可改变的事实,是如何导致了一种单调的生活节奏,而且这种节奏似乎无法被打破。

原本欧洲城市的理念是将许多不同的交流功能便捷地连接在一起,但巴黎似乎已经丧失了这个理念。其他大都市也面临着类似的情况。因此,全球可持续发展议程中包含了可持续城市这一专门的目标。城市是人们社会、生态、文化和经济趋势相互联系最为明显的聚集地。对于欧洲城市而言,2007 年和 2020 年的《莱比锡宪章》提供了一个明确的"综合城市"的指导框架,其侧重于公共利益:"公共利益包括可靠的公共服务,减少和避免社会、经济、生态和空间方面新形式的不平等。我们的共同目标是在所有欧洲城市、社区及其功能相互关联的区域中保护和提高生活质量。我们不应让任何人被遗弃。"

你可能已经猜到了,这个明确的目标能否成为现实,无疑取决于人们,取决于我们世界中的行动者。

当巴黎市长安妮·伊达尔戈(Anne Hidalgo)在 2020 年

寻求连任时，她提出了一个被称为"15分钟城市"的概念。她希望市民可以在15分钟内完成所有事务。这不仅适用于购物、看医生、上学、看电影、看戏剧或健身，还包括工作，而且一切都无须使用汽车。在她的首个任期内，市长已经开始改造巴黎以实现这个目标。她关闭了贯穿城市东西方向的塞纳河北岸主干道，这条道路过去每天的通行量超过70000辆汽车，现在已经成为一个供自行车和行人使用的公园。这里有咖啡馆、酒吧和小商店。成功连任后，伊达尔戈计划将近70000个公共停车位的一半转变为绿地。在环城的高速公路上，只有一名乘客的汽车将只能使用一条车道，其余车道将留给多人共乘的私家车、公交车和自行车。一些贯穿城市的大道将被改造为自行车道，一些著名的广场将变成步行区。在某些居住区，甚至将缩窄街道，以防止汽车超车。如今，几乎整个巴黎都实施了每小时30千米的限速。

如果在德国有一位政治家在一个如此大的城市以如此计划竞选，情况会怎样呢？例如，在汉诺威，贝利特·奥奈（Belit Onay）因其无汽车市中心的愿景在2019年被重新选为市长。但当具体问题出现后，支持率下降了：人们更喜欢坐汽车去购物，零售行业也表示，每个人都应该受到欢迎，无论他们以何种方式抵达。然而，这个计划首先是针对过境交通的，旨在减少车辆流量。据研究显示，当人们步行或骑自行车购物时，他们购买的数量似乎并没有减少，只是他们会更频繁地购买，且每次购买的数量较少。而在柏林呢？市政府甚至不允许就无汽车市中心进行公民投票。然而，这也涉及一项法案草案：就连度假或运输也要申请驾驶许可。当地政府认为，这将严重限制市民的行动自由。

当人们的注意力过于集中在看似紧迫的问题上时，很快就会再次陷入"塔纳兰"问题。通过对"当前动机的过分重视"，人们失去了对更大的背景的关注。但安妮·伊达尔戈是个例外。

伊达尔戈明白，无论有多少好理由，她都不能简单地从居民手中夺走他们的汽车。她必须为他们提供一个替代方案，以便在没有汽车的情况下更好地应对日常生活。而且，这个方案应当使生活更美好和轻松，并明确传达第三个视角，即使在短期内市民可能会感觉更加不舒适和烦琐。

2020 年，伊达尔戈成功连任巴黎市市长，并在她的第二个任期中计划扩建地铁线路，增加 200 千米，以便更好地连接市郊。自行车道网络也将扩展到 1000 千米。据市政府数据显示，从 2019 年到 2020 年，市内骑自行车的人数翻了一番。巴黎长期以来一直运营着"Plan Vélo"，这是规模最大的自行车共享系统之一。在未来几年里，伊达尔戈不仅计划建造 4 万套社会住房，还计划重新收回 3 万套目前被出租给游客的城市住房，如通过爱彼迎（Airbnb）等平台出租给游客的住房。此外，她还计划种植 17 万棵树。市政府计划在市政厅、歌剧院和里昂火车站周围建造小型森林。尽管批评者们对伊达尔戈有不同的看法，但她并不是在与某种特定的交通工具作斗争。她只是希望重新开放城市的有限公共空间，将社会、生态和空间的平等放在城市规划的核心，并使之造福所有市民。

伊达尔戈在其政策中所依据的理念源自法裔哥伦比亚学者卡洛斯·莫雷诺（Carlos Moreno）提出的"智慧城市"（living smart city）概念。莫雷诺观察到，现代大都市已经让居民失去了对空间和时间的自然感知。由于交通工具的便利性，城市中的每个地点都变得容易到达，空间被压缩了。但一旦使用这些交通工具，时间却被拉长了，每天花费数小时在车上或地铁中，即使本意只是去上班。莫雷诺希望通过让人们在步行或骑自行车的 50 分钟范围内找到生活所需的一切，重新赋予人们对空间和时间的自然感知。城市的结构应该根据居民的需求而建立，而不是相反。

莫雷诺曾经告诉一位记者，当伊达尔戈打电话给他，询问他的这一概念时，一开始他以为这个概念可能只是在宣传册的末尾被提及了一下。

"但她将其视为核心。"

现在，《时代》杂志将伊达尔戈评选为世界上最具影响力的 100 位人物之一，在生态社会城市改造方面，巴黎在国际上被视为世界上最有趣的地方之一。法国首都加入了哥本哈根、阿姆斯特丹、维也纳、苏黎世和巴塞罗那等城市的发展潮流。当作为游客来到这些城市，欣赏它们的活力时，我们常常谈论使这些城市如此特别的文化。很少有人意识到文化也源自使其活力得以实现的结构。反过来，基础设施是文化的体现。它们的存在带来了人与人之间的联系和相遇，影响着我们的感知，塑造着社会态度，并规定了系统内的期望行为——或者至少使某些决策和行为比其他行为更容易和更有可能实现。它们简化了朝着某个方向迈进的步骤，令朝着其他方向迈进的步骤变得更加困难。

长期以来，城市基础设施的规划，如道路、交通信号灯和停车场，一直以汽车友好城市的理念为导向。它影响了诸如道路交通法规等规定，这些规则允许汽车比自行车行驶更快，并调整了交通信号灯的绿灯时间。同样它也影响了分配土地、发放建筑许可证、规划交通路线以及提供访问权限或确定设计的机构。所有这些构成了一个系统，使得某些形式的交通方式比其他形式更具吸引力。因此，这种系统会影响交通系统中的存量和流量，包括汽车、有轨电车、自行车道和停车场的数量，以及它们的频率和速度。现在，让我们想象一下，如果调整交通信号灯的绿灯时间，使行人和自行车骑行者的绿灯时间比汽车驾驶者的多两倍，那这将极大地改变交通拥堵情况、出行时间以及出行方式。因此，城市中不同交通工具的存量也会发生变化。

通过 15 分钟城市的理念，规定和激励措施的定位发生了变化，从而塑造了一座完全不同的城市和全新的生活感受。当创新来源于第二种视野，并与新的目标一致时，这种变化并非一蹴而就，但随着时间的推移，通过系统和个体的众多活动和决策，逐步形成了解决问题、实现综合目标的新方案。

简而言之，这是社会创新学习的过程。

德内拉·梅多斯写道："当系统运作良好时，我们会感受到一种功能上的和谐。"这种状态也可以称为"层级的和谐"：上级系统，即城市政府，旨在为整个系统的福祉提供保障时，为下级系统，如居民、工作者、销售者和旅行者，设定了一个框架，使他们可以根据不同的需求自由活动。这种和谐的关键在于下级系统的活动总和同时也决定了上级系统的目标。如果"友好汽车"这一理念不再与生态、社会、空间和经济公正相符，就需要一个新的理念。如果新的理念成为现实，结构将遵循所宣布的目标。理想情况下，负责交通的机构与资源保护、住房建设以及经济促进等机构不再竞争，而是共同思考如何设计土地、基础设施和交通路径，以实现一平方米土地可以满足多个目标的目的。由此，从部门化思维转向了空间化思维，从零和博弈转向了多目标解决。

另一个例子是德国的森林。在我们的想象中，它有时可能看起来像是我们小时候听到的童话故事中的神秘森林，古老、野生且充满秘密，其中生长着橡树、山毛榉和直径数米的粗壮树干。然而，实际上，森林的面貌早已发生了变化。尤其是在中低海拔山区，如今以冷杉为主。这些冷杉树像篱笆一样排列着，树与树之间的距离非常近，以至于阳光几乎无法照射到森林地面。这种景象并非偶然，而是由种植方式导致的。长而笔直的冷杉木材一直是受欢迎的建筑材料，可带来可观的利润，因此很长一段时间以来，人们习惯于在树木的早期生长阶段给其施加生长压力。当人们布置种植区域时，故意将树苗密集种植，以迫使它们迅速增长，以免被其他树木遮挡阳光。此外，这种所谓的密植方式使得冷杉生长的侧枝较少，由此具有了建筑业非常青睐的笔直生长形态。独立生长的冷杉呈圆锥形状，而密植的冷杉则呈现出栅栏柱的形状。

想要亲眼看见部门化的孤立思维以及系统目标过于狭隘（在这种情况下是增加木材数量）是如何影响特定结构的，只需走进德国的森林即可。而想要了解当这种结构面临变革时会发生什么，可以在那里继续观察。

在 2018 年，剧烈的风暴袭击了德国，给森林造成了严重破坏。通常情况下，树木倒下后，森林就会被立刻清理，因为这些倒下的树木是松树象牙虫的理想滋生地，而松树象牙虫则是森林经济的天敌。然而，当时的破坏程度是如此之大，以至于森林工人无法及时处理。因此，在接下来的几年中，松树象牙虫的入侵问题越发严重。松树实际上有两种天然的防御机制来抵御这种攻击。第一个防御机制是它会长出茂密的侧枝，遮挡会照射到树干上的阳光。由于松树象牙虫喜欢温暖，这提供了一定的防护。然而，在密植的情况下，没有侧枝的保护。第二个防御机制是树脂，松树用树脂封住象牙虫在树皮上钻孔后留下的洞口。然而，由于即将到来的气候变化，夏季变得异常炎热，导致松树由于干旱，产生的树脂较少。因此，即使是健康的树木也会被松树象牙虫侵袭，而由于天气炎热，这种虫子的繁殖次数由通常的两次增加到了四次。

与汽车友好城市理念类似，系统的目标——木材体积——被设定得过于狭窄，从而人为地限制了发展的空间。如果我们将森林的健康作为目标，我们本可以选择更稀疏、多样化和分散的栽培方式。这样，树冠之间会有阔叶树提供阴凉，蓝莓和苔藓可以储存水分，树木会更少受到干旱的影响，同时也能减少象牙虫的威胁。象牙虫本来是将患病树木带回森林循环中的一部分，这些树木的死木为昆虫提供食物，为土壤提供腐殖质。然而，由于过度追求木材数量，我们见证了第二次世界大战后最严重的松树死亡。如今，德国需要重新造林的面积是底科恩湖的五倍以上。

系统在不断变化中，并受到改变的影响。面对这种持续的动态，我们需要不断寻找答案来应对之前未曾遇到的问题，这就是进步和预测未来后进行相应调整的任务，以纠正过于单一的趋势，确保不偏离总体规定。这涉及适当的正向反馈，以尽可能有效地预防和缓解危机。

在 2021 年初，德国正处在第三波疫情之中，德国社会学家安德烈亚斯·雷克维茨（Andreas Reckwitz）在一篇发表于《明镜》周刊上的文章中提出了关于国家如何应对这一挑战的问题。我们已经在疫情、金融危机和移民问题上看到了国家在这方面的准备情况，而在未来，我们还将面临气候变化和物种灭绝等危机，这只是我们知道的即将发生的危机，那些意想不到的危机还未计算进去。

国家应该如何为未来做好准备呢？

安德烈亚斯·雷克维茨提到了"韧性"这一概念，它如今在各个领域被广泛使用，并可被解释为适应能力或抵抗力。最初它源自心理学，指的是应对重大打击的能力，即迅速且有效地恢复并重新站起来。"韧性"一词的拉丁语根 resilire 意为"弹回"，因此学术界也经常使用其英文表达方式"bouncing back"（反弹）。雷克维茨指出，如今该概念已渗透到政治领域，它带来了积极的一面，但也存在一些问题和挑战。他写道，"毫无疑问，21世纪转向以韧性为导向的政策范式将是明智之举"，但同时也需要注意其中的难点和限制。

韧性政策与过去的所有政策有一个根本的区别，是它基于与我们以往所了解的完全不同的未来。在20世纪50年代和60年代的福利国家以及从20世纪80年代开始的竞争国家中，未来一直是开放和充满机遇的，只需抓住机会，就能实现更多的进步、自由和繁荣。而在韧性政策中，未来主要由风险组成，这些风险会导致频繁的干扰，甚至崩溃。雷克维茨认为，这涉及一种基本的视角转变，基本叙事被颠倒："从追求新奇和积极的东西转向避免或忍受负面的东西。社会不再被视为将迈入进步未来的空间，而是处于全面脆弱的状态"，需要"预防最糟糕的情况发生"。

在雷克维茨看来，这样就形成了一种"负面政策"，即"预计损失"。尽管这位社会学家认识到了这种政策的必要性，但他对此感到不安，因为对于变革的潜力和多重可能的敏感性是不容忽视的。

有趣的是，确实存在一些研究方法，将这种可转变性，即"能够创造未经验证的开端，并从中发展出全新的生活形式"的能力，置于韧性概念的核心，而不是将其视为替代品。例如，斯德哥尔摩韧性中心就有这样一个研究方向，它将韧性作为一种结构性和动态性的概念进行分析：社会生态系统如何在危机中不仅尽快得以恢复，而且在前进的过程中进一步发展，从而降低未来危机的可能性？简而言之，它们能否采取"弹性前行"而不仅仅是"弹性回弹"的方式来应对？

欧洲联合研究中心（JRC）的研究人员也在这方面进行了类似的工作。这是一个位于意大利伊斯普拉附近的欧洲研究机构，毗邻马焦雷湖。在那里，来自各个学科的科学家为欧洲委员会提供咨询并进行研究工作。该中心成立于1950年，最初是为了共同研究原子能而设立的。在20世纪80年代，研究人员们已经开始关注太阳能，因此成为欧洲环境政策的科学先驱者。当我参观中心时，他们向我展示了如何利用谷歌地球（Google Earth）的卫星图像对生态系统（如河流）进行相当准确的时间观察，并能够及早发现类似彼得湖的临界减速现象。他们的重点是预防危机，因此他们不仅关注危机的发生时间和可能的后果，而且还分析如何最大限度地预防危机，并同时积极推进各个系统的整体发展方向。为此，他们引入了一个重要的概念：区分系统的产出（output）和结果（outcome）。

让我们先来谈论一下"产出"的问题。

通常情况下，我们会根据系统的产出来评估其功能性，也就是定量的输出结果。以德国森林为例，产出可以指森林木材的数量。一般来说，产量越高越好，当前年份的产值会成为下一年的参考。这种观点在我们对"供应安全"的理解中体现得尤为明显。

我们经常强调供应安全必须得到保证。然而，如今的供应安全已经不再仅仅指住房集中供暖、免费学校或为所有人提供基本医疗服务，而是指确保完善的移动网络覆盖、数字化的行政管理或在下单后 10 分钟内送上门的外卖服务。当然，这还要加上我们祖辈所拥有的一切，最好还要不断优化。或许你已经注意到，在 2017 年以后，欧盟规定只能销售功率低于 900 瓦的吸尘器，而在此之前，制造商们往往会将吸尘器的功率提高到 1600 瓦，因为据称消费者喜欢拥有更高功率的吸尘器。

自那时起，你家里的清洁情况有所改善吗？

我们所说的"供应安全"实际上描述的是一个期望，即我们不断增长的物质需求可以顺利得到满足，就好像这是理所当然的一样。然而，从未有人提出一个问题：供应系统应该如何实现这一目标？而我们对供应或安全的满意水平又是多少呢？

联合研究中心（Joint Research Center）和斯德哥尔摩弹性中心（Stockholm Resilience Center）的研究人员都意识到了这一缺陷，并思考了这个问题对我们如何理解弹性这一概念产生了多大影响。因此，他们设计了一个由三个部分组成的概念，以便更好地阐明我们的弹性管理建立在哪些基础上。在这个模型中，他们首先用结果取代了产出，其指代我们实际上希望通过可能的产出达到的结果。

伊达尔戈的"15分钟巴黎"代表了面向公共利益的城市。对于整个社会来说，重点在于人类福祉或多数人的最大幸福。正如在前文"财富"章节中所观察到的那样，可以通过非常不同的策略实现这一目标。

联合研究中心的科学家们指出，弹性管理的另外两个支柱是：第一，当前的社会和生态合作、处理和生产过程，他们称之为"引擎"。第二，资产，生态、社会和人力资本，以及所谓的实际资本，即一切已经生产出来的东西。

根据我们如何组织我们的社会运行系统，所有三个弹性的支柱将发生变化：财富、过程和我们通过这些过程实现人类福祉（即结果）的方式。在这个过程中，我们有很大的空间：可以产生更多或更少的垃圾和环境破坏，可以进行更多或更少有益处的学习，可以建立更多或更少的信任和合作。这些都发生在我们日常生活中，而不仅仅是像基于产出的经济模型所假设的那样，只有通过高效设备（如增强型吸尘器）才能实现。

为什么我们可以更好地将其与未来连接起来呢？

我们可以通过改变我们组织和管理这些过程的方式，来充实存量的缓冲（余量或备用资源）。换句话说，我们可以开发出许多不同的策略，通过改进我们的操作系统，不仅可以应对危机，而且还可以减少危机的发生。正如我们在许多例子中所看到的，危机往往是由于我们没有及时关注资产减少而产生的：当城市居民的需求无法得到满足，或者当森林中缺乏足够的平衡反馈循环时，危机就会发生。当我们在危机中采取结构保守的反应，即只是防御冲击而不进行变革时，情况就变得非常严峻。

积极的韧性政策意味着我们将以结构创新和价值保全的方式及时规划未来。这涉及直接为社会福祉提供支持：保护完好的自然环境、良好的教育和健康、互信和可靠的人际关系和机构。这些因素不仅是经济过程的一部分，也描述了我们的生活。此外，这还涉及加强我们及早进行变革的能力，即通过设计而不是灾难来进行变革，正如英语中说的"Transformation by design, not disaster"（转型源于设计，而非灾难）。

那这要如何实现呢？

转型科学家们提出了一个持久的学习过程，通常包括四个步骤。

第一步是不仅要及早采取行动，而且要真正理解问题，同时也要理解产生问题的系统。这听起来像是一种常识，但实际上并非如此。因此，经常出现新领导在还未与员工进行交流的情况下宣布重组部门的计划，又或者不再质疑对于问题本身的理解，就像在塔纳兰修建灌溉渠道时一样。然而，新的洞见和对关系的更好理解通常只有在与对系统至关重要的所有参与者进行对话时才会产生。这意味着需要倾听那些成天面临各种问题的人群所需要的改进方法，而不是给他们提供不太可行的解决方案。转型研究人员将这一步骤称为"将整个系统带入空间"。

在第二步中，我们需要制定系统变革过程的目标描述和相应的使命。在第一步中，我们关注的是系统知识和问题描述，包括网络连接、动态以及各种不同的目标。而在第二步中，我们需要形成一个具有广泛共识的目标知识，即明确我们希望达到的目标以及实现这些目标的途径。为了确保使命得到广泛支持，它必须与参与者和相关方互相联系。这意味着我们需要讲述一些适合大家共同分享的故事，展示单个步骤如何融入整体，包括适当的度量指标和成功标志，它们可以指导行为并衡量进展。

第三步也被称为"投资组合"阶段，在这一步，我们会制定一系列关于所期望的变革的方法，并在应用中使之互相协调。这是探索和实验的阶段，其中我们会探索各种可能性，创造出多样的方法，它们可以相互交流，并在理想情况下相互结合，以实现多重解决方案，即多元解决。复杂的系统需要灵活的协调和互动，经常跨越现有的部门或机构，而不是僵化地按照既定计划执行。为此，除了定量指标，我们还需要定性指标来捕捉组织文化的活力。太过强调责任范围可能会扼杀那些想要承担责任的人的积极性。过于依赖程序规则可能会扼杀对实际效果的关注。因此，"这样做是不符合规定的"应该可以回答"为什么不"这样一个问题。

第四步涵盖了传播和巩固所学的内容，重点是将成功的解决方案融入系统中并进行扩展。这并不总是意味着扩大规模，有些解决方案可能只适用于特定的范围，因此最好是以不同的变体进行复制。重要的是将实验视为推动更大变革的先驱工作，而不仅仅是一些让人讨厌的乌托邦主义者的游乐场，并且要予以重视。只有这样，它们才能激发社会学习，并成为新常态的一部分。实现这一点需要适当的态度和领导者，他们既具备接纳新事物的能力，又懂得如何妥善地告别旧事物，就像助产士和临终关怀护士一样。因为只有这样，才能产生德内拉·梅多斯所称的"自组织"，它被认为是在时代脉搏中创造性地发展的系统的核心特征。

因此，复杂系统中的层级和谐与我们通常所想的不同，它是自下而上的。德内拉·梅多斯写道："上层的目的是服务于下层的目的。"策划层级的和谐是一门艺术。它类似于建筑师的任务，只是这里的建筑对象不是房屋和城市，而是组织和国家；它涉及的结构不是物质的，而是社会的。在这些社会结构中，人们的情感、激动情绪和不稳定趋势比沙土和石堆更加丰富多样。

为了赞赏社会建筑师的艺术，我曾与世界未来委员会的同事们共同发起了未来政策奖，这个奖项至今仍与联合国等国际机构合作进行颁发。作为全球唯一奖励法律的奖项，它表彰那些可以促进当代和未来世代更好的生活条件的法律。首届奖项于 2009 年被授予了巴西东南部的贝洛奥里藏特。

贝洛奥里藏特曾经是巴西第一个经过精心规划的城市，如今仍可从象棋盘般布局的市中心看出来，然而这座大都市早已发展到了周边的山丘上。作为巴西最大的城市之一，贝洛奥里藏特拥有超过 250 万居民，是重要的经济和文化中心。乍一看，市区以宽阔的林荫大道、大型公园和令人印象深刻的天际线为特色。然而，尽管贝洛奥里藏特的经济崛起主要归功于金属、纺织和汽车工业，但并非所有居民都从中受益。与巴西许多地方一样，贝洛奥里藏特存在着严重的社会不平等。有些社区的生活水平可与斯堪的纳维亚国家相媲美；而一些贫民区，即所谓的贫民窟，生活水平却与北非国家相当。在 20 世纪 90 年代初，该市有超过三分之一的家庭生活在贫困线以下，近五分之一的儿童营养不良。

1992 年帕特鲁斯·阿纳尼亚斯（Patrus Ananias）当选为新任市长后，他和他的市政府采取了可以称为典型的步骤来改变当时的状况。

首先，他们对供应居民食物的系统进行了审视，发现这个系统是指向自由市场的。对于那些能够购买市场上交易的食品的人来说，这个系统运作良好。但对于其他人来说，它无法满足其需求。帕特鲁斯·阿纳尼亚斯和他的新市政府团队认为粮食安全是公共任务，这就需要政府介入去解决问题。

贝洛奥里藏特通过 1993 年 7 月 15 日颁布的第 6352 号市政法案，确立了一套粮食安全的法规体系，这个法规体系承诺向所有市民提供充足而优质的食物，并将这项权利和责任交给市政府（也就是自己）来保障和执行。

换句话说，他们制定了一项使命。

同时，市长帕特鲁斯·阿纳尼亚斯创立了一个新的机构——食品政策与供应秘书处（SMAAB），他在该机构汇集了所有与该问题相关领域的代表，包括经济界、科学界、教会、各级政府以及消费者。他将整个系统融合在一个空间中，同时在市政府内设立了一个职位，以便将所有旨在解决问题的举措整合在一起，由同一机构负责协调。这项使命被赋予了"尊严的食物"口号，旨在摆脱穷人必须乞讨的污名，将供应良好食物的责任交给人们所在的社区。不再追寻责任，而是共同努力展示贝洛奥里藏特实现食品安全的可行性，通过更好的合作和有效利用资源来造福公共利益。

其中一项最有效的举措是提供免费的学校餐，每年为幼儿园、学校和大学提供超过 4500 万份餐食。其中最受欢迎的是人民餐厅（Restaurante Popular），目前已有 5 家分店，提供的补贴餐平均不到 1 欧元。食材由当地小型供应商提供，尽管餐食是经过补贴的，但所有人都可以在那里就餐。学校和城市还建立了社区花园，共同种植蔬菜，并提供健康饮食和烹饪教学。还有一个食品库来处理多余的食物，并通过移动售货车向那些商店中没有新鲜水果和蔬菜的地区提供食品篮子补贴。此外，该市还颁发了特殊的食品销售许可证，销售者在较富裕的社区提供商品的同时，必须以折扣价在较贫困的社区提供商品。本地小农户得到了价格优惠的市场摊位，以便直接销售产品，而不必支付高额的经销商费用。此外，未被利用的土地也被大地主开放用于耕种。这些创意拥有巨大的多样性。

帕特鲁斯·阿纳尼亚斯是如何实现这些的呢？与其他类似情况一样，他是一位具有激励人心的愿景和协调能力的领导者，他能够将追随者们变成不同组成部分的共同设计者。通过这种方式，形成了一个组合，其中涌现出各种想法和相互支持的方法，从而实现了多重解决方案：认识到网络化的重要性，并制定了一个引人注目的使命，向其他人传达他们在其中可以扮演的角色。这不仅涉及结构，还涉及所体现的态度和道德观。这是一种深度扩展，它触及我们的价值基础。从中产生了一种独特的品质：寻求解决方案，而不是找借口。

这一使命在实现过程中不仅是为了战胜饥饿问题，更旨在终结贫困文化。通过整合整个食品供应链系统，参与者能够深入理解并内化他们在这一过程中所发现和学到的一切。

过去的孤立行动被取代为各个行动者之间的合作与资源整合，展现出改变的结构和文化。贝洛奥里藏特的案例表明，创新只有在文化中扎根，才能实现持续的变革。这种变革将过去的非传统行为转变为新的常态，并且影响深远。

"显然，消除饥饿的努力之所以失败，并非因为缺乏资源，而是因为缺乏政治意愿。"帕特鲁斯·阿纳尼亚斯在未来政策奖的颁奖典礼上这样说道。凭借坚定的意愿，贝洛奥里藏特成功地在每年不到 1000 万美元的预算（仅占市政预算的 2%）下显著改善了粮食状况。在 10 年的时间里，儿童死亡率下降了 60%，营养不良儿童的比例减少了 75%。现在，这个模式不仅在纳米比亚和南非等国家得到复制，也成为帕特鲁斯·阿纳尼亚斯作为社会发展部长试图在整个巴西对抗贫困和饥饿的计划的榜样。在贝洛奥里藏特，公民对政治组织的参与不仅仅局限于粮食问题。在所谓公民预算中，多年来他们都可以参与财政资源的分配。一个解决方案已经走出了小众市场，并在不断扩散、增长和深化。

就像巴黎的交通案例一样，贝洛奥里藏特通过食物问题表明，真正的变革不仅是带来新的机构和文件，更是建立新的关系以及学习、协调和合作的方式。

这一点同样适用于正常运作的市场，正如牛津大学新经济研究所的复杂经济学家埃里克·拜因霍克（Eric Beinhocker）和尼克·哈诺尔（Nick Hanauer）所指出的。他们用"适应性景观"的概念来描述复杂系统。当这个景观处于平衡状态时，个人和群体会相互合作或竞争，寻求解决问题的方案。然而，如果这个景观没有通过园艺般的维护来保持，这个系统的整体适应性就会下降。当一些子系统过度利用自身的优势改变景观以谋取更大的利益时，我们很容易陷入"成功者会越成功"的陷阱，就像在大富翁游戏中一样。因此，我们不能简单地因为"蒲公英像对冲基金一样迅速生长"，就任其占据主导地位。我们不能仅仅因为某种活动能够带来经济利益，就认为它对社会有益。"市场是如何为人类提供更多医疗解决方案或更多战争解决方案，或者如何创造需要解决的问题（如口臭问题），完全取决于市场的构建方式，而这种构建方式始终是人为的，无论是无意识的还是经过设计的。"埃里克和尼克在《复杂经济学告诉我们为什么自由放任经济学总是失败》一文中如是说。

在民主社会中，我们不仅有可能，而且有宪法上的义务来为市场制定方向，即通过政策规定来促进公共利益的实现。在这种情况下，市场经济可以作为实现社会目标的工具。当然，并不是所有的社会目标都应该通过市场来组织。公共服务和社会保障正是基于宪法赋予的权利，并应该以得体的质量提供给所有人，无论其购买能力如何。

当然，这并不是一个没有冲突的过程。在这个过程中，个人利益也处处存在。关键是成功地识别和处理这些利益冲突。为此，透明度和良好的合作同样重要，同时还需要适当的激励措施和报酬机制，并通过出色的社交技巧来塑造权力，而我们所接受的教育应该使我们具备这样的能力。

你知道设计的美妙之处在于什么吗？

它会产生积极的反馈循环。

这些可以是由政界或民间社会发起的公民议会、未来委员会或三方对话。例如"我们对抗病毒"或"觉醒德国"等开放式社交创新型项目，这些项目由德国联邦政府和来自社会各界的参与者共同推动。还有创新高校等支持计划，为大学提供除研究和教学之外的第三个使命，即将"科学知识"传递和融入社会。同时，还有一系列实验室，旨在跨越传统组织边界，寻求解决棘手问题的新途径和规则。还有全球联网的研究和咨询，针对这些过程的成功标准进行探讨。

在不同情境和文化背景下，能够实现层级和谐的组织和机构设计会有所不同。然而，是否能够成功实现这一点不仅取决于领导者，也取决于追随者的行为。正如路德维希·埃尔哈德在 1963 年的政府声明中所说："如果利益集团的巨大权力和专业知识以及各种才华也能为公共事务提供支持，那将是我们国家公共事务方面的巨大进步。"如果这一点无法实现，那么强大的子系统或参与者不应该对无法实现层级和谐感到惊讶。

你知道吗，这一点已经引起了古希腊哲学家柏拉图的注意。实现层级的和谐所需的前提条件是建立一种教育体系，其内容与当前的挑战相适应，并使公民能够做出相应的行动。只有这样，才能使自我管理的体系存续下来。这种教育体系还包括在面对个人利益的诱惑时，仍然能坚决不滥用自身的特权地位。

系统陷阱

抵制变革

组织是特定时间下特定目标的体现：城市是对汽车友好，还是对人友好？是生产木材，还是维护森林健康？组织固守着既定的思维模式和流程，将发展局限在特定的轨道上。当组织更加重视自身的维持而不是共同进步时，会导致令所有人都不满意的结果。如果不通过权力来克服这个陷阱，一个新的使命可以让参与者打破有限的逻辑，探索新的道路和合作模式。

理解——合有异道

在无数尝试重新构想社会的努力中，最为出色的探索正是人类历史上最为棘手的问题：如何在更广阔的范围内实现合作，并同时保持自由与公正的平衡？

——杰夫·摩根（Geof Mulgan），创新研究者和政策顾问

10000 多年以前，人类还以狩猎 - 采集者的身份在地球上漫游时，每个人每年需要大约 5 吉焦的能量以供生存。捷克裔加拿大人、生态学家瓦茨拉夫·斯米尔（Vaclav Smil）做了这个计算。他估计一个人每天要吃多少肉，需要多少木材来煎炸，以及在晚上或冬天需要多少木材来保暖才能生存下来。尽管被称为"数字狂热者"的斯米尔甚至把猛犸象的肉比瞪羚或野马的肉能提供更多能量的事实也计算在内，以求获得最正确的估算，但事实上计算并没那么复杂。食物和木材毕竟是 10000 多年前人类能够获得的唯二的能量来源。每个人一年平均消耗的 5 吉焦是我们今天从汉堡开车到慕尼黑来回所消耗的能量。

仅用维持人类生活所需的能量来描述人类生活，似乎太过简单。毕竟，我们并非仅以吃饭、做饭和取暖为主的生命体——尽管根据能源消耗来看，在我们在地球上存在的大部分时间内确实如此。相比之下，如今我们的生活似乎有了更多的可能性。我们把自己组织成复杂的社会实体，我们研究、计划、建造和飞行，我们改变了植物和动物的遗传结构。我们的生活与 10000 年前的生活毫不相干，但是今天，和昨天一样，我们需要能量来做这些事情。而且我们的生活越复杂，我们所需要的能量就越多。

在工业化初期，一个人每年平均消耗 20 吉焦的能量。因此，能源需求在 10000 年内翻了两番。接下来的 4 倍增长只用了 150 年的时间。现在，全世界每人每年的平均能源消耗量几乎为 80 吉焦。当然，这种增长可以用不断增加的机器来解释，我们到处使用这些机器来减轻工作负担，加快工作速度或降低工作难度。美国建筑师、设计师和作家理查德·巴克明斯特·富勒（Richard Buckminster Fuller）早在 1961 年就发明了"能源奴隶"的概念，指的是一种"非有机能源处理设备，提供人类内部功能的外部化"。物理学家哈拉尔德·莱施（Harald Lesch）对此做了一个说明性的计算：想象一下，你在划船机上连续划船 10 小时，每小时产生 100 瓦特的能量。如果你将其与德国人每天的平均能源消耗量相比较，该比例为 1 : 100。

如果我们让自己依赖这许多由外部能源驱动的过程，我们将不得不依赖能源供给。这会对我们的生态系统产生各种影响，而我们今天可以明显地观察到这些影响，还有许多同样引人注目的不公正现象。

让我们以每个人每年平均消耗的 80 吉焦为例。如果你生活在德国，你会发现这个数额的能量并不够用。这么多能量仅仅勉强满足一些人每年的汽油消耗，而没有剩余的能量用于食物、供暖、照明、手机充电或其他需要生产、基础设施或物流的消费。实际上，德国的人均每年能源消耗大约是全球平均水平的两倍。而美国则是德国平均水平的两倍。沙特阿拉伯或加拿大的人均需求则明显高于这个水平。几乎所有非洲和南美洲国家，以及一些亚洲国家（包括印度）的人均消耗部分远低于全球平均水平。即使像土耳其这样的国家，其人均消耗也只是约等于全球平均水平的 80 吉焦。在世界各地，人们让能源奴隶为自己的生活水平工作，而能源奴隶的数量差异非常大。

在一个资源取之不尽、用之不竭的世界里，只要让所有在消费水平落后的人尽快追赶上平均水平，就能实现公平。而这恰恰是我们经常追求的策略。甚至在联合国的 2015 年全球可持续发展目标中，其中一个目标是"一个社会和世界上最底层的 40% 的人口应该以相对快的速度获得物质增长"。这说明不是任何人都可以得到足够的生存资源。事实上，面对关于地球及其生态系统状况的科学预测，这个建议本身就相当大胆，是一个彻头彻尾的乌托邦。

什么才是现实的?

这就是由利兹大学经济生态学家朱莉娅·斯坦伯格(Julia Steinberger)领导的科学家们在一个名为"在最大限度内好好生活"的项目中所调查的问题。他们想找出什么样的生活才对每个人都有利,但又不至于超出地球极限。在全球范围内,他们计算了这种生活所需的最低供应标准、基础设施和设备,以及为满足这些标准所需的能源。结果令人十分惊讶:如果采用这些最低标准,那么即使以今天的技术水平,就算是100亿人也可以在地球上体面地生活,而全球能源消耗不必增加;相反地,它甚至可能下降。总的来说,我们所需要的能源不会超过我们在20世纪60年代初所拥有的能源。

这样的生活会是什么样子?

当然,即使在这样一个低能耗的世界里,也会有供暖房和热自来水、移动电话、冰箱、互联网、医院和学校。人们仍然可以吃肉和旅行。没有人需要在山洞里裸体生活。住宿、食物、衣服、行动、教育、通信或医疗保健等基本需求也在这个世界上得到满足。否则我们就不需要它们了。相反,是这些需求的满足方式使这个世界与我们的世界如此不同。在这种情况下,每个人只有15平方米的生活空间可供支配。今天,德国的平均水平是这个数字的3倍。每个人每天可以消耗50升水,大大低于今天德国人的一半。每个人每年的肉类消费被限制在15千克以内,是德国平均每年消费的四分之一。每个人每年可以买 4 千克的新衣服，洗 80 千克的衣服。他们还可以每年旅行 15000 千米，很可能使用发达的公共交通系统或自行车，不可能开私家车，更不可能坐飞机。

你认为这是完全不现实的吗？

事实上，在这样一个世界中，像加拿大或沙特阿拉伯这样的国家将不得不减少高达 95% 的能源需求。今天，这些能源大部分被用于供暖或制冷。另外，像吉尔吉斯斯坦、乌拉圭或卢旺达这样的国家，人均能源消耗已经不多。而撒哈拉以南的一些国家甚至可以增加一些为人们生活而工作的能源奴隶。

这种转变不仅可以减缓全球变暖，以我们今天在世界范围内已经产生的可再生能源的数量来说，在这种情况下，我们已经可以满足一半的能源需求。在这样一个世界里，全球南方数百万人的生活条件将得到极大的改善。他们目前生活贫困，住房较差，营养和教育较低，医疗服务较少。对于全球北方的许多人来说，正如凯恩斯和穆勒所预见的那样，这可能会导致工作时间减少，将解放我们的思想和双手，让我们去做那些迄今为止在"幸福的跑步机"❶上无法实现的事情。

这将创造一个世界，其中 100 亿人消耗的能源数量都大

---

❶ 瑞士经济学家马蒂亚斯·宾斯旺格（Mathias Binswanger）语，指"我们拥有的越来越多，却没有变得更幸福"。——作者注

致相同，而且不会让我们的地球付出巨大的代价。这难道不值得我们为之付出努力吗？

你犹豫了吗？我可以理解。

我不相信只有当我们都拥有相同数量的物品和生活空间时，大家的生活方式才会被改变。但这并不是斯坦伯格和她的同事们的设想。他们想表明，地球实际上有足够的资源来让每个人都过上好日子。我们只需要以不同的方式来生产、使用和分享这些东西。我们需要把创新的方向定位于以尽可能小的生态足迹实现高质量的生活。

然而，目前的情况并非如此。

以二氧化碳的排放为例。在一个仍然从化石燃料中获取几乎所有维持自身生存所需的能源系统中，二氧化碳排放量是一个很好的指标，表明了能源的使用是多么的不平衡。如果从历史的角度来看，哪个国家自工业化以来排放了最多的二氧化碳，情况就会更加明朗。这个排行榜的第一位是美国，自工业化以来，仅美国就消耗了化石燃料产生的能源总量的四分之一。德国排在第四位，落后于俄罗斯，但超过了英国。由此可见，为了集中精力解决问题，划清界限是多么重要。仔细思考一下，让重度用户继续增加使用量，而轻度用户更快地追赶上去的想法，至少是一种高风险策略，而且是一个完全不现实的问题。

如果将二氧化碳排放的指标应用于人而不是单个国家，那这一点就更清楚了。自 1990 年以来，世界上较贫穷的一半人口的人均排放量仅略有增加，从 1.2 吨增至 1.6 吨，仍然是全球平均水平的四分之一。在富裕国家，较贫穷的一半人口的人均排放量停滞不前，但较富裕的一半人口，特别是前 10% 的富裕人口的人均排放量却增加了。这个群体今天有 7.71 亿人，平均每年产生 31 吨二氧化碳，占总排放量的 48%。

谁应该追赶，以及以什么代价？

无论我们如何思考，我们都无法回避正确度量的问题。我们也不能回避谁应该真正负责测量以及为什么测量的问题。

但我们到底要不要加以限制？

这是否与我们的无限自由理念相一致？

或者这将导致我们进入一个生态独裁的状态？

我认为关注这些问题非常重要，否则我们很有可能在未来陷入其中。那时，生态学将决定人类这个生物物种在生存上还能做什么，不能做什么。在过去，情况也是如此。我们只是不断地逃避，前往人口较少的地区，或者驱逐那些在那里居住的人。或者，我们用其他尚未耗尽的资源来替代有限的资源，或者我们用技术来开辟全新的资源。在一个自然保护区已经严重不足，并且很快就会拥有 100 亿人口的世界上，我们不能再继续这样下去。这就是为什么我觉得关于生态独裁的问题有些离谱。我们如何处理这些新的发现，以及社会从这些发现中得出什么样的后果，决定权不在生态学手中，而是掌握在人民手中。

那么，让我们暂且谈论一下德国通常说的"禁令讨论"这一话题。

肉类消费、堆积如山的衣服、短途旅行、塑料袋、汽车交通——关于应该限制什么的讨论不仅发生在电视谈话节目或社交媒体渠道中。我们每个人可能都曾经与朋友和熟人讨论过，如果人们自愿改变还不足以满足生态需要，那是否可以完全禁止某些东西，以及在什么条件下可以这样做。我们可能也有过这样的经历，这并不是一个简单的问题。因为在我们的社会中，拥有自主生活的自由价值非常重要。

对此你能说什么呢？

从系统的角度来看，我们主张的个人自由，首先是我们称之为社会的这个系统的结果。人类是一个社会性的存在。他是谁，他想要什么，都是在与他人的接触中所得出的结果。只有当他从一个社会中分离出来时，我们对个人自由的讨论才有意义。但人又总是与社会相连。无论我们是否愿意，没有"我们"就没有"我"。在最好的情况下，许多"我"组成一个"我们"，他们的合作互动扩大了所有人的可能性，即导致集体自由，而这是一个人无法获得的。这包括我们今天习以为常的大多数自由，从基础设施到我们盘中的食物。

宪法专家克里斯托弗·默勒斯（Christoph Möllers）在他的《自由等级》（*Freiheitsgrade*）一书中写道："自由既属于个人，也属于社群。"不存在个人自由高于社群自由的情况，这仅仅是因为个性只能被描述为一种社会现象。

人们一旦进入社会，就不能再为所欲为了。这有时让人感到疲惫不堪，有时限制了我们自己，但同时我们又可以做比以前更多、更不同的事情。只有这样，人们才会扩大他们的合作结构，进而扩大机会、产品、服务和体验的范围。但只有在他们不利用个人自由来破坏集体自由的情况下才会成立。默勒斯写道："自由越是个人化，这种要求就越是依赖于某种框架，依赖于一种可靠的未来状态，可以嵌入自己对自由的使用。"

这个框架是由一个系统的目的、目标提供的。在民主法治国家，这一目标被写入宪法或基本法中。对于企业而言，这是一种法律和社会许可。对于各种组织来说，则体现在它们的章程中。而社会系统总是嵌入到其他系统中，或与它们横向联网。因此，法治的上层系统的目标影响着个别法律、许可证和章程的制定。这可能是我们已经同意的道路交通法规，因为死于交通事故不是我们想要的结果；或者是一个卫生系统，它应该保护和治疗患者，为此禁止在公共场所吸烟；还有每个人都应该根据自己的财富做出贡献的税收制度，它也是这种社会契约的体现。只有当所有人都贡献出自己的一份力量，才能在更高的层次上组织起追求共同利益的活动，有了这些活动，教育、医疗、公共基础设施、安全和法治才得以建立，并向所有用户开放。这至少是许多民主宪法中的规定。最后，长期安全的食物和资源供应的目标，取决于相对稳定的再生生态系统。在我看来，我们不应该轻易地损害这些自由。

那么，应该如何理解并运用它呢？

奥地利经济学家和心理治疗师马丁·舒茨（Martin Schütz）在他的著作《超级财富》（Überreichtum）中明确指出，仅编制关于贫困和财富的统计数据是不够的。我们还需要看看我们谈论它的方式，以及我们是否有必要谈论它。例如，我们是否问自己，财富和贫穷到底有什么关系，为什么在不平等的辩论中，嫉妒和仇恨等词汇往往与穷人联系在一起，而富人则与慷慨和同情等词汇联系在一起。为什么极度富有的人捐赠的金额在媒体上报道，如何创造出如此高额财富的问题却未被提出。舒茨写道："贫富差距过大给社会带来的负面后果，与超级富豪们的恩惠相比起来，就显得不那么明显了。"

"丰裕"一词再度被柏拉图提起，它已经包含了财富也有类似衡量标准的想法。这并不意味着"基于正义考虑的富足批判"要求每个人都应该拥有相同数量的财富。相反，正如舒茨所说，它与"过剩，也就是财富的过剩"有关。

这种过剩的情况究竟是如何产生的呢？

存在的边界又为何消失了？

当执行委员会和监事会成员在全公司范围内的比较中，不再以"他们的表现可以给每个人带来更多的报酬"来辩解他们在公司范围内明显高于平均水平的薪酬增长，而只是指出其他经理人也会有如此高的增长时，这就意味着危机陷阱已经迅速关闭。而它又围绕着这样一个问题：如果为它建立的框架，如税收制度、透明度和机会平等，不适用于那些可以在几个社会中自由攫取利益的人时，那么等级制度的和谐应该如何在民主保障共同利益的意义上发挥作用？出售欧洲公民身份，即所谓的"黄金护照"，也许只是其中最令人印象深刻的一个变种。我总是对一件事感到惊讶，即使在这种核心的正义原则被违反的情况下，极端财富仍然保持着积极的内涵，其来源和效果也很少受到质疑。

"不能只有个人的权利"，国际法院前法官克里斯托弗·威拉曼特里（Christopher Weeramantry）在我们共同讨论世界未来委员会的法律框架问题时说道，这些法律框架应该考虑未来的世代，"还需要有整体的权利"。

美国社会学家和文化历史学家理安·艾斯勒（Riane Eisler）在 20 世纪 80 年代末已经致力于研究一群人如何组织成群体的问题，并认识到社会文化系统在这方面的一个突出特点。她注意到，我们通常根据政治、经济或宗教类别来区分社会，即根据它们是社会主义还是资本主义，左派还是右派，农业、工业还是后工业，伊斯兰教、基督教还是世俗。艾斯勒认为这种划分是不准确的，因为在她看来，各个类别只关注了各自社会的部分方面。这既不能表明在一个类别中存在着相当大的差异——因为不是所有信仰某种宗教的国家都是一样的，也不能捕捉到社会的共同点，即使它们在一个类别中是不同的。艾斯勒想要找到一种更精确同时也更全面的分类方法，并根据社会群体成员之间普遍存在的或他们所渴望的关系形式，对其进行区分，从而找到分类方法。

群体成员的关系是支配关系还是伙伴关系？

当一个人生活在一个支配系统中时，根据艾斯勒的观点，他对环境大致只有两种选择。他要么处于上位，要么处于下位，可以更多或更少地控制局面。在支配系统中，存在着一种结构上刚性的等级观念，主要关注的是升降。在对等级制度中的地位进行解释时，人们通常认为一个人或子系统要么优于其他人，要么劣于其他人。这意味着：一个人优于另一个人，男性优于女性，一个阶级优于另一个阶级，一个种族优于另一个种族，一种宗教优于另一种宗教，人类优于自然，父母优于子女。

艾斯勒说："无论是在家庭、工作还是社会中，上级都控制着下级。"

因此，对个人而言可用的或可能的东西都是自上而下分配的。这就埋下了恐惧和激励因素，使自己在系统中的地位尽可能地高人一等，并利用对结构设计的影响达到这个目的。放弃某些东西或把它送走，这就等于宣布破产、失败或被征用。这就是我们谈论它的方式。诸如关怀、同情或团结的价值观在统治体系中被压制或贬低，或被限制在自己的小团体中。它们属于私人生活、属于教会、属于妇女、属于天真烂漫的乌托邦主义者们。基本需求，如爱、认可或生命的意义，在这种关系中很难得到满足。在分配斗争中拥有更好的牌似乎更重要——这就证明了用粗暴的方法把它们掌握在手中是合理的。控制权和创造权被集中起来，灵活性和多样性被削弱，而放任自流的自由正在迅速减少，这太危险了。

另外，在伙伴关系的体系中，人并无优劣之分，而是被视为体系中的平等参与者并得到相应的对待。它的目的是允许尽可能多的人参与，并承认一个人和所有人对总体目标的贡献。在这里，艾斯勒的研究特别关注所有的护理工作，即所谓护理经济，主要是由妇女完成的，但大多数是无偿的，并且很少被重视。正是护理经济，在家庭、邻里关系和志愿工作中，为实现我们社会的框架构成的中心目标创造了前提条件。然而，就像生态系统的价值创造一样，它们被排除在有关成功和进步的主流叙事外。

除了什么将社会维系在一起的问题，艾斯勒还对维系社会的方式感兴趣。伙伴关系存在于由尊重和信任决定的关系中，而不是胁迫和不信任。重点不在于物质产品，因为物质产品往往因为这样或那样而变得稀缺：如果它们被更平等地分配，它们将失去其位置效应和权力效应。相反，它涉及人类的全部能力和发展，涉及当我们善于培养和分享时能够提供自由和安全的活跃系统。这并不意味着在伙伴关系中没有等级制度。然而，这些等级制度并非用于贬低，而是有组织地使所有方面互相负责，并在系统的各个部分活动之间实现和谐。正如我们所看到的，它们的结构是自下而上的。艾斯勒说："在一个伙伴关系系统中，领导者应当鼓励、启发和加强，而不是控制和削弱。"

诚然，目前的世界政治看起来并没有越来越多的领导人表现出这样的行为。相反，我们越来越多地面临这样的问题：当一个国家元首显然不想为基于伙伴关系的解决方案做出贡献，而是使用暴力攻击时，我们该如何应对？在我看来，作为一个合作伙伴，并不意味着不划定边界和简单地让别人霸占我们的地盘。对商定的框架和保护整体的坚定承诺是谈判边界的一部分，即使为了保护自己，可能不得不以暴制暴。长期来看，个人不是永恒的，政权也不是不可改变的。某些行为是不可接受的，但必须明确将责任归咎于侵略者，而不是整个群体或民族（其中的一部分也受到了暴力的影响）。我们有可能努力建立新的联盟。如果要再次增加集体自由，这仍然是唯一的解决办法。

当然，统治或伙伴关系这两个系统都不以纯粹的形式存在。艾斯勒也没有这么说。相反，它们构成了一个连续体的两个端点，所有的社会群体都可以被放入其中，这取决于他们更倾向于哪一方。这种倾向性可以通过我们的决策和行动来影响。

仅仅在新型冠状病毒被发现的一年后，人类就研制出了第一批疫苗。到第二年，我们已经有了 100 亿剂疫苗，足以让世界上每个年轻人和成年人至少接种一次疫苗。在如此短的时间内开发和生产如此数量的疫苗，是以前从未想过的。

因此，只要有足够的意愿，我们就可以超越自己。然而，在疫苗分配方面，出现了相当程度的支配性。许多高收入国家很早就通过投资私营公司的研究来获得疫苗，作为回报，它们向私营公司预定了产能，或者同时向几家制造商订货，但并不清楚哪家会在竞争中获胜。在第一年生产的 100 亿剂疫苗中，欧盟的 27 个国家，加上美国、英国、加拿大、澳大利亚和日本，获得了其中的一半，尽管这些国家加起来只占全球人口的 13%。

那些在货币购买力排行榜上名列前茅的国家利用这一地位储备了稀缺商品——在这种情况下，疫苗是稀缺商品。这给它们带来了短期的成功。一些贫穷国家仍缺乏足够数量的疫苗以保护高危人群，而这些高收入国家已经能够为他们的人口提供加强针。然而很快，人们发现，这种"疫苗接种民族主义"只是延长了抗击大流行病的时间。这不仅是因为新型冠状病毒发生了变异，其变异株重新影响了那些较富裕的国家，而且还因为，它们的贸易伙伴仍然遭受着这种大流行病的袭击。总的来说，这些国家没有从自己的人口免疫中得到任何好处。根据国际商会的一项研究，疫苗的不平等分配在全世界造成了 9.2 万亿美元的损失——其中一半落在较富裕的国家身上，因为它们在其他情况下从国际网络中获益更多。如果这些国家转而投资于不同的分配方式，它们每投资 1 美元就能得到约 166 美元的回报。支配战略甚至不能为金字塔顶端的人带来回报，只能让他们坚持得更久。

这在伙伴关系中是否也有可能？

事实上，世界卫生组织很早就提出了这样一项战略。其设想是，所有国家都向一个共同基金交钱，然后从中为所有人捆绑购买疫苗。该倡议被称为"Covax"（合作疫苗），它将建立一种合作方式来应对共同的威胁。但许多高收入国家决定绕过该基金。它们与制造商签订了双边合同，储存了比所需更多的疫苗，而给予贫困国家的疫苗比 Covax 承诺的少。最后，Covax 没有为每个人购买疫苗，而只是向有需要的人分发捐款。合作战略的优势不仅在于全球可以同时开始接种疫苗，还在于可以让全球社会在与制药公司的谈判中占据更有利的地位。这些公司的疫苗每剂收费高达 20 欧元，但其生产价格不到该价格的十分之一，它们甚至不愿意暂时取消专利保护。在大流行病开始时的等级和谐已经变成了子系统之间的升级陷阱，因为重点不再是疫苗研发，而是分配。

但也会有例外。

20 世纪 50 年代，美国免疫学家乔纳斯·索尔克（Jonas Salk）以他的许多同事的研究结果为基础，开发了一种新型的小儿麻痹症疫苗。该疫苗很快就将美国的此类病症患病率降低了约 80%。在一次采访中，他被问到谁拥有这种疫苗的专利。

"嗯，所有人类，我猜，"他回答，"根本没有专利。你能为太阳申请专利吗？"

我们的资金足够吗？

我们的分享足够吗？

而"我们"又究竟指代了谁？

所有这些问题最终都涉及我们作为人类所做的限制和界定。这包括资源存量的限制，共同生活的限制以及我们与共同体归属感的限制。我们要选择什么样的道德标准、值得追求和学习的内容，我们要思考经济和技术体系的标准，我们要决定我们愿意为了开发有限资源而承担哪些风险，以及我们要协商达成哪些成功企业应该追求的增值方式。我们还要考虑在空间和时间上设定哪些界限，以便我们能够团结和承担责任。在确定这些界限的方式、位置和由谁来设定或改变它们的过程中，我们将看到我们生活在一个支配系统还是一个伙伴关系系统中，因为支配和伙伴关系代表着两种截然不同的界定策略。如果我们希望实现和维护尽可能多人的幸福和自由，唯有通过参与性的方式才能得到有实效的答案。

在所谓的公共物品中，这种情况表现得尤其明显。这是对所有人都可以使用的资产的称呼，也就是说，没有人可以被排除在消费之外。它们通常是正常运行的生态系统的产物，并不太在乎人类设定的界限。这包括温和的气候、健康的海洋、完整的生物多样性或正常的水循环。这些资源被称为全球公地。其中包含许多有机体，它们清洁空气、为植物授粉、灌溉田地和生产食物，都被作为礼物送给了人类。人类在使用和改变它们的同时，没有任何国家能去独占它们。

虽然一个国家可以宣布其上空的空气是其领土的一部分，但它无法单独决定其领土上的气候。二氧化碳是自由流动的，气候灾害最严重的地方则由生态系统决定。污染者应为破坏环境付出代价——这在国际协议和法律框架中被视为一项重要原则。但在实践中，人类机构、资金流动和边界划分仍然落后于伙伴关系。

相反，人类机构也产生了所谓的全球公共产品，它们的存在和质量也是所有人都可以获得的。它们不是正常的生态系统的产物，而是正常的社会系统的产物。没有人能够单独生产或维持这些产品。但如果它们得到很好的照顾，那每个人都可以平等地从中受益；此外，它们的使用原则上与竞争无关。这些商品或服务包括许多由公共机构提供或保障的东西，如控制传染病的医疗服务，维护能源和水供应的基础设施或交通，安全与和平解决冲突的机制或一个国家最终必须为其担保的正常运作的金融系统。根据各子系统或个体的使用行为，这里的资源数量和质量也会发展。在这个意义上，自由也是一种全球公共产品，需要充分尊重他人的自由愿望。并且愿意讨论边界的划定，在有疑问的情况下重新调整边界：工业化国家和富人是否能够因为他们过去更早、更快、更具侵略性和扩张性地利用全球公共资源，就继续将过度消费视为权利？如果不想失去整体的权利，就必须对此有一个新的理解。

尽管生态公域和社会公域有所不同，但它们有一个基本的共同点：如果没有足够的合作来保护它们，其质量就会下降。这一点在和平方面与气候方面是一样的。

这两种产品之间的重要区别涉及它们所关联的边界类型。德语在这里模糊了一个核心区别，因为它在两种情况下都使用"Grenzen"（边界）一词，而在英语中，"Grenzen"可以表示限制（limits），也可以是边界（boundaries）。界限是物理的或实体的门槛，与特定时刻可用的资源和自然规律有关。边界则是社会协议。例如，我们设定使用预算（行星边界），以减少陷入严格限制和从冲击中学习的风险。人类本身不能飞行，这是一个限制，人类已经开发出飞机的事实也并未改变这一点。但它确实表明，边界是可以移动的，也就是人们是如何处理限制性发现的。进步通常来自有意识地推动我们的边界，并以网络化和前瞻性的视角看待预期的限制。因此，根据德内拉·梅多斯的说法，成功的系统管理总是以下一个预期极限为导向。我们越早发现它们并将其转化为有益的界限和替代方案，它们带来的危机和混乱就越少。

在如今这样的冲突时期，这可能是一件非常令人不快的事情。因为诱惑很大，人们只愿意考虑自己，确保自己的地位，从而在更长的时间内享受资源或权力。但是，这种态度越是普遍，越是根深蒂固，我们就越没有机会重建存量，扩大自由，并将消极的防御政策转变为积极的社会财富积累政策。

"我们需要找到清晰和合理的界限。"德内拉·梅多斯写道，但"当我们忘记我们人为设置的界限时，界限就会引起问题"。

因为一个社会体系的起点和终点，谁或者什么被纳入其中，谁或者什么被排除在外，都不是既定的，而只是由我们的个人和集体行为所决定。因此，在这些情况下，说边界在这里或那里是不太准确的，它们是被划定或决定的。

美国法学家卡塔琳娜·皮斯托（Katharina Pistor）在她的书《资本的符码：法律如何创造财富和不平等》中详细研究和追溯了通过立法，特别是美国和英国的私法，如何不断将以前的公共财产私有化并重新分配利用权。有些人、公司或国家今天对限制的感受较少，是因为它们似乎拥有无穷无尽的资源，或者相对容易获得这些资源，但这并不意味着这些限制对其他人不存在，或者说，它们不可能以不同的方式被划定。今天的世界并非是凭空出现的。

如果我们在一个层面上改变边界，那它们就会在其他层面上发生改变。我们塑造未来的机会在于有意识地进行这种改变。在许多地方，人们都特别关注如何保护公地和更有效地合作以实现我们的社会目标。例如，伯尔尼大学的维斯自然学院（Wyss Academy for Nature）将"与自然的新关系"作为其工作的中心。这里进行的研究将保护自然与人类的福祉和参与直接联系起来，并以此为基础制定新的景观战略。"未来建筑师"也从空间角度出发，自问如果我们认真对待地球边界，建筑和基础设施的设计应当如何改变。例如，我们必须摆脱对空间的竞争，全面地对每一平方米进行住房、能源、生物多样性和资源保护的整合利用。

德国全球变化咨询委员会一直在研究土地使用方面的多重解决方案。2020 年，律师卡特琳·曾格林（Cathrin Zengerling）研究了通过贸易法如何减少对自然资源的开采，把注意力更多地放在了资源的再生利用上。一个重要的问题是生产国和消费国如何共同承担保护自然资源的责任。一年前，德国政府的环境专家委员会写了一份关于环境政策合法性的特别报告。它呼吁各部委之间达成新的共识，因为许多问题与他们的职责相冲突，并明确考虑我们今天的决定的长期后果，否则这些后果往往会被当前导向忽视——例如，通过建立一个代际公正委员会。

如果我们想保持我们今天习以为常的自由，我们还需要重新谈判具有系统重要性的工作的界限。这些工作的从业者不仅必须在最后获得与其他部门相当的平均工资，这些工作——从医疗保健、食品供应、紧急儿童护理到物流——的认可度也必须根据它们在我们社会中的功能，得到紧急提升。

最后，像迪士尼联合创始人罗伊·O. 迪士尼（Roy O. Disney）的孙女阿比盖尔·迪士尼（Abigail Disney）这样的人，正在与爱国的百万富翁一起争取更多的税收正义，作为"富人阶级的高调叛徒"，他们相信只有来自自己阶级的压力才能对富人和超级富豪发挥作用。她说，"我的祖父绝不会给自己支付超过普通员工一千倍的工资"，以此来批评迪士尼首席执行官鲍勃·艾格（Bob Iger），他在 2018 年的一年中收取了 6500 万美元。她说："虽然没有法律禁止他这样做，但这样做是不可接受的。他也肯定不会登上杂志的封面，并被称为天才。"因此，在这里，边界已经移动，而且还可以再次移动。

这无疑是个平衡个人自由和集体自由的艰巨任务。但在每个时刻，我们都有机会在其中进行培训。这是一个不断学习的过程，我们彼此之间将一次又一次地触及我们的边界。国际未来论坛（IFF）为处理转型创新过程而构建了一个模型，它类似于一个八字形，由两个相互交织的循环组成——恐惧循环和爱循环。本质上，它们是已知的反馈循环，它们在一个网络系统中产生作用，并通过其反应引发更多的反应。这两个循环通过两种基本的情感状态来展示这些作用，以表明"爱和恐惧不仅是两种存在于世界中的方式，也是理解世界的两种方式"。

在恐惧循环中，我们试图通过控制的手段在复杂的世界中找到安全感，这就是为什么它也被称为控制循环。在这个循环中，我们把世界看成一个物体的集合，试图快速地进行标准化和分类，而没有意识到每个物体的特殊性。假设我们已经知道我们在处理什么，我们就会跳到类似于配方的答案，而这些答案往往忽略了问题的细微本质。问题是，我们在许多情况下，都无法进行客观的分类。我们会对他人的行为感到惊讶，或者相反，产生疏离感，这只会增加我们对控制的需求。一个紧张、恐惧和不安全的反馈回路就这样形成了。如今，我们可以在公共辩论或社交媒体上很好地观察到这一点：一个人要么反对接种疫苗，要么支持接种疫苗；要么是肉食主义者，要么是憎恨肉类；要么是汽车迷，要么是自行车迷；要么是资本家，要么是共产主义者。

在爱循环中，我们试图通过接触和参与的方法来体验世界的复杂性，也就是获得经验知识，因此它也被称为参与循环。我们不会过快地对事物进行抽象和分类，而是接受惊喜和无知作为我们世界的一部分。我们重视多样性，并认识到每个特定情况的独特品质。我们认为自己是参与者，这促使我们尽可能地达到最好。通过这种方式，归属感和信任可以得到加强。我们可以成长，因为我们不仅看到自己已经相信的东西，而是开始相信我们未看到的东西。如果你把控制循环进行到底，你最终会得到失望和退缩，以及一种与蕾安妮·艾斯勒的支配系统非常相似的关系质量。如果你把参与循环考虑到底，你最终能够用一种更好玩、更有希望的方式来处理彼此的关系，这最终导向了伙伴关系系统。我们每个人都会知道，在生活中的某些情境下，这种情况是如何发生在他或她身上的，他或她又是如何被卷入这两个循环中的一个，以及这在多大程度上决定了自己对世界的看法。

然而，这两个反馈回路不仅显示了态度如何在整个系统中变得根深蒂固，它们还显示了这些系统是如何被改变的。

这包括认识到昨天的解决方案可能是今天问题的来源，并谦虚地接受今天的解决方案将成为后天的问题。通过认真对待我们自己的学习潜力，释放旧的模式并尝试新的模式，发展新的技能并与他人分享，我们就可以扭转一个系统。我们在每一个新的时刻都有机会把我们对控制的需求暂时放在一边，有意识地探索我们的极限。我们可以从一个循环切换到另一个循环。

"在刺激和反应之间有一个空间。"这是奥地利心理分析师维克多·弗兰克尔（Viktor Frankl）的一句名言。"在这个空间里，我们有权力选择自己的反应。我们的发展和自由就在我们的反应中"。❶

这是一个由我们自己决定想成为什么的空间。

系统陷阱
公共资源的
悲剧

在一个系统中，存在着一些所有人都依赖但没有单个人可以独自生产或维持的物品，这就引发了谁能够获取这些物品的竞争。这种竞争会导致这些物品被破坏。为了防止这种情况发生，有三种解决途径：公开和自我限制；共享和分配，以使过度使用的后果由过度使用者

---

❶ 这句话经常被认为是维克多·弗兰克尔说的。但其来源是弗兰克尔的学生史蒂芬·柯维在一本书中发现了这句话，并认为它与弗兰克尔的教导特别相关。——作者注

自己承担；或者制定适用于所有人并得到执行的共同规则来约束资源的使用。如果以合作的方式行动，我们可以将保护这些资源置于核心地位，使每个人都受益。

第三部分

我们究竟是谁?

—————— PART 3 ——————

"也许"一直是世界提供给那些想要改变其方向的人最好的赌注——在大海对面找到一片新的土地,结束奴隶制,给妇女投票权,在月球上行走,推倒柏林墙。"也许"不是一个谨慎的词,它是在我们不准备接受的现状面前,对可能性的一种挑战性断言。

——埃里克·杨(Eric Young),经济学家

凝聚智慧

> 当我说幸福的生活源于由知识指引的爱时，我渴望尽可能地去过这样的生活，也希望其他人能够享受这种生活。这个观点蕴含的逻辑是，相较于那些缺乏爱和知识的社区，在一个以这种方式生活的社区中，有更多的愿望可以实现。
>
> ——伯特兰·罗素，哲学家

　　在莱比锡动物园中，人猿乐园是最受欢迎的景点之一。在这个占地约 3 公顷❶ 的巨大场地上，你可以观赏到所有 4 种人猿物种，包括黑猩猩、大猩猩、红毛猩猩和倭黑猩猩。它们三两成行，在室外围栏的人工丛林中穿行，围栏内有岩石、水源和攀爬树木，游客们可以透过厚实的玻璃或站在观景平台上观察它们的一举一动。当然，莱比锡动物园只是在模拟野外环境，但相较于其他许多动物园，它所提供的展示空间比许多动物园都要广阔。作为一个类人猿设施，即使在

---

❶　1 公顷 = 10000 平方米。——编者注

建造完成 20 年之后，人猿乐园仍然是欧洲最现代化和最大的乐园之一。而作为一个科学研究的重要场所，它在全球范围内独树一帜。

自从开园以来，马克斯·普朗克进化人类学研究所的科学家们就在人猿乐园里研究人猿的认知能力。他们不仅观察人猿在群体中的行为，还在远离游客的地方定期进行测试，要求人猿独自、两个一组或与科研人员一起解决一些有趣的任务。包括从一个对人猿手而言过于狭窄的管道中取出花生，参与一种被称为"猿类棋"的策略游戏，与其他人猿竞争以获得葡萄——虽然设计这些测试的研究人员各自的研究目标不尽相同，但都是通过向人猿提问，增加对人类的了解。

人类和人猿在基因上几乎没有太大的区别。即使是与我们的亲缘关系相对较远的红毛猩猩，差异也只有 3% 左右；而与我们更亲近的黑猩猩，差异只有 1.5% 左右。人猿是我们最近的亲属。我们与它们的亲缘关系就像斑马与马、老鼠与鼠一样紧密。然而，两者的世界却几乎完全不同。当然，它们仍然生活在丛林中，而我们已经征服了整个地球，登上了月球，同时也制造了可以摧毁地球的武器。我们是对人猿进行研究的一方，而非被研究的一方。

是什么造成了这种巨大的差异？

我们能做什么而它们做不到？

或者用美国人类学家迈克尔·托马塞洛（Michael

Tomasello）的话来说（他是莱比锡的马克斯·普朗克进化人类学研究所的所长，任职 20 年之久）："是什么使我们成为人类？"

为了回答这个问题，托马塞洛和他的团队进行了一系列测试，不仅用类人猿进行测试，还向幼儿们提出了各种富有启发性的游戏任务，并通过无数次的实验来对比结果。这些研究表明，黑猩猩和红毛猩猩在简单的物理测试中表现得与两岁半的孩子不相上下，有时甚至更为出色。然而，在"贝壳游戏"中，猿类展现出了明显的优势。它们能够更迅速地找到隐藏的食物，更巧妙地运用具有特定目的的工具，更灵活地进行小额数目的加法运算。然而，真正决定性的差异只有在测试中才能显现，因为测试的关键在于如何理解对方的意思。与猿类不同的是，我们人类能够根据他们的眼神或手势进行推测，并将这些指示解释为有意义的、可以为我们提供支持的信息，即使我们无法直接理解这些指示的含义。但在更高的层面上，我们能够理解这些指示的含义。我们明白，对方的目的不仅是帮助我们，更希望我们能够精准理解。因此，即使我们并不好奇小帽子下是否真的有东西，我们也会去看一眼。这种理解对于其他生物来说是无法企及的，而正是这种沟通指导的基础，成了学习和合作的重要基石。

迈克尔·托马塞洛和他的团队通过无数次的实验发现，从一岁开始，人类儿童就开始使用指示手势，以吸引成年人对特定物体的注意。而父母的任务则是解读这些手势的含义。这些手势可以指向他们渴望但自己无法触及的物体，比如父母手中的冰激凌；或者指向一本与父母一起翻阅的图画书，当他们模仿书中动物的声音并仰望父母，以确保父母也看到了这只动物或者听到了"汪汪"的叫声。指示手势创造了一个共同的空间，我们在其中共同探索情境和理解其意义。在这个过程中，我们建立了彼此之间的联系，并解读了该情境中每个人应扮演的角色以及应采取的行动，每个人都对这种角色负有使命感。

当成年人和幼儿一起玩耍时，如果为了进行测试突然中断游戏，成年人会鼓励孩子继续玩下去，而孩子们甚至会教大人如何拿玩具才能接着玩下去。如果孩子更想和另一个成年人一起玩，它不会直接站起来走开，而是会先表现出想离开的意图，仿佛感受到"我们是有联系的"。

然而，当猩猩与人类一起完成任务时，如果人类不配合，猩猩则要么尝试独自完成，要么干脆失去兴趣。一旦猩猩达成目的获得奖励，合作关系就会结束，它会立刻带着奖励离开。相比之下，人类对合作的公平结果有更强的认知。

在一项实验中，如果两个孩子站在一个游戏桌前，桌上有两个需要共同努力才能拿到的球，他们会相互帮助，直到每个人都拿到一个球为止。如果是共同的战利品，孩子们也会平分。

对于迈克尔·托马塞洛来说，正是通过这种处于共同空间时的相互关注，我们才真正成为人类。他将这种能力称为"共享意图"，它是独属于人类的。只有我们人类有能力达成他所讲的"集思广益"。

正是这种能力，不仅是共同行动，而且是共同学习的能力，揭示了人类迅猛而日益加速崛起的关键所在。它赋予我们与他人分享情感和知识的能力，连接起我们的思维，解决孤身一人难以解决的难题，导致了创造力的惊人爆发。而且，它还让我们能够有条不紊地传承知识，将智慧代代相传。每一个新生儿通过学习先人，获得了与人类智慧紧密相连的宝贵财富，并通过这样的方式被提升到当下的水平。托马塞洛称其为"千斤顶效应"，即让每一代都站在前人的肩膀上。我们无须再发明轮子，因为 6000 年前的美索不达米亚人已经做到了，并将这一智慧保存至今，构成了我们称之为"文化"的宝库。这既是我们合作的条件，也是我们合作的成果。

"鱼儿生来期待水。"迈克尔·托马塞洛如是说。它们有鳍，也有鳃。"人类生来便期待着文化的润泽。"

那么，这对我们所处的世界而言又意味着什么呢？

人类可以通过基因和文化传承信息，这便为人类打开了前进与发展的大门，使我们不再仅仅是被动学习和盲目碰壁。我们展望未来，建立正向的反馈循环。然而，我们也要承担更大的责任：决定哪些成为我们文化的一部分，选择我们要走的道路，追寻哪些知识，以及从中得出什么样的结论——所有这些都是构建人类记忆和其中的故事宝库的一系列微小决策，每个人都可以从中汲取智慧，以便做出自己的决策并将自己的故事传递下去。

所以，从这个角度来看，当代每个人不仅是我们祖先文化的接受者，也是我们后代文化的塑造者。正是我们对该文化的补充，使其进一步发展成为可能。

因此，"什么使我们成为人类？"这个问题的本质是"我们想成为什么样的人？"

英雄

> 居住在这个星球上的不是个人，而是人类。多数人才是地球的法则。
>
> ——汉娜·阿伦特（Hannah Arendt），哲学家

自 2020 年中开始，美国数百个公益组织的办公室便陆续收到了一封令人惊喜的电子邮件，内容是将向收件人捐赠巨额资金。这些组织大多规模较小，鲜为人知，通常未被列入大型慈善家的捐赠名单。它们致力于捍卫妇女、黑人和性少数群体的权益，为贫困人口提供食物和药物，以及对抗在美国社会中存在的结构性不公。由于它们主要活跃在地方，因此政界、商界或媒体很少关注它们。

他们对于为什么会有人未经询问地给他们汇款感到困惑不解。那封电子邮件的发件人是一家名为"迷途马"（Lost Horse）的特拉华州公司，据称背后是一位匿名的慈善家，但他们对此一无所知。有些人的电子邮件被误认为垃圾邮件而过滤掉了，而其他人则在某个时候接到了一通电话。

得克萨斯州圣安东尼奥市妇女权利组织基督教女青年会（YWCA）办公室的负责人弗朗西斯卡·拉特雷（Francesca

Rattray）接到了一个电话，在电话的另一端，一个男子告诉她，一位名叫麦肯齐·斯科特（Mackenzie Scott）的人打算向该组织捐赠一大笔款项。弗朗西斯卡并不知道麦肯齐·斯科特这个名字，因此她像往常一样，在互联网上搜索了这个名字，同时电话那头的男子又问了几个问题。弗朗西斯卡突然反应过来，这不是个玩笑。

麦肯齐·斯科特是亚马逊首席执行官杰夫·贝佐斯的前妻，与贝佐斯离婚后成为世界上最富有的女性之一。

弗朗西斯卡·拉特雷后来告诉记者："我紧紧抓住办公桌，心怀警惕，准备应对即将到来的冲击。"而后，那个男人报出了捐赠数额——100万美元。没有任何附加条件，只想知道银行账户号码。

"我完全失去了理智，不禁开始流泪。"拉特雷说道。

2020年末，类似这样的场景在美国各地不断上演。麦肯齐·斯科特和她的团队选择了超过50个非营利组织，其中大部分都是小型组织，涵盖了食物银行、新冠紧急援助站、性别平等和性少数群体权益活动组织、家庭俱乐部、妇女、非裔美国人或原住民学校、残疾人支持组织，以及支持少数族裔企业家的金融机构，甚至欧洲气候基金会等。由于缺乏社会资助资金，这些组织的工作鲜少引人注意，但在接到电子邮件或电话后，它们突然获得了数百万、数千万甚至上亿美元的资金支持。在短短4个月内，麦肯锡·斯科特以这种方式捐赠了近60亿美元，她也因此成为当年美国第二大的私人捐助者。

截至 2022 年春季，不到两年的时间里，她慷慨地资助了逾 1250 个组织，总计捐赠金额超过 120 亿美元。这样庞大的数额，在如此短的时间内无疑创造了前所未有的纪录，令人叹为观止。

这背后蕴含着何等深意？

2019 年离婚后不久，麦肯齐·斯科特参与了"捐赠誓言"（The Giving Pledge）倡议活动。这个倡议是由一群国际企业家和其继承人组成的组织，只有亿万富翁才能加入，他们承诺将至少一半的财富用于慈善事业。该组织由微软创始人比尔·盖茨和投资者沃伦·巴菲特于 2010 年创立，如今已有来自 28 个国家的 230 多位成员。许多成员在加入后会发布一封信，阐述他们的动机，麦肯齐·斯科特也是如此。

"我们每个人都因一系列无穷无尽的影响和幸运的巧合，获得了当前我们展现出来的天赋，尽管我们永远无法完全理解它们。"她在信中写道。"除此之外，我还有一笔巨额的资金要分配。我将继续以谨慎的方式进行慈善事业。这需要时间、精力和细心。但我不会等待。我会继续下去，直到我的资产用尽为止。"

对于媒体来说，这封信之所以引人注目，主要是因为这其中的数额。不过很快就可以发现，麦肯齐·斯科特不仅打算改变捐赠金额的标准，还打算改变受益人和捐赠方式。从系统的角度来看，我认为这是一个更为有趣的方面。它引发了一个问题，即在 21 世纪，我们将如何通过榜样和英雄来成功地引导我们的道路。

这些人究竟是致力于改善系统，还是只是为了保护自己在其中的地位呢？

让我们来看看美国的所谓新慈善家们。事实上，富人为社会做慈善的做法并不是什么新鲜事。这一传统可以追溯到安德鲁·卡内基（Andrew Carnegie）和约翰·D. 洛克菲勒（John D. Rockefeller），他们凭借钢铁业和石油业的成功成为当时最富有的人，同时也是伟大的慈善家。卡内基创办了多个基金会，致力于推动建设数以百计的公共图书馆，他的名字也与纽约卡内基音乐厅紧密相连。而洛克菲勒则创建了一个旨在实现"全球人类福祉"的基金会，涉及教育、文化、科学、医疗保健以及粮食生产等领域。这些领域本质上都是为公众利益服务的。

然而，在美国，对于公共财产的建设以及谁有权利使用这些财产这一问题，有各种不同的限制和规定。所谓"守夜人"理念是指，只有当市场无法解决问题时，政府才会介入，这与长期以来针对国家医疗保险展开的讨论是一样的。在美国，没有人介意私人个体填补了国家服务网中的缺位或漏洞。然而，迟早会有人问，这些空缺是从哪里来的。

在美国，慈善事业当前主要通过私人基金会进行。在 2005 年至 2019 年，私人基金会的数量增长了近 70%，存款增加了 1.2 万亿美元，规模相当于西班牙国内生产总值。然而，许多基金会并不仅仅为慈善组织捐款，而是设定了自己想要用资金实现的目标。例如，消灭脊髓灰质炎或疟疾、对抗吸烟和肥胖、开发对抗气候变化的技术，或推动人体生物过程的研究等。许多基金会已不再局限于本国，纷纷开展跨国合作，并为合作伙伴组织提供资金支持。

与选举产生的政府不同，这些基金会并没有义务向公众公开其捐赠对象、时间和金额，若是公众不满意基金会的工作，也无法通过选举来罢免它们。考虑到这些机构投入的巨额资金，这样的论点往往被贬低为微不足道的民主理论争议。当然，将财富用于善事，而非据为己有，是非常慷慨的行为。但是，如果你不只是阅读关于哪个科技亿万富翁想用他们的基金会拯救世界哪个地区的新闻报道，还深入了解其中的情况，会发现这种慈善行为也存在着附带利益。

在美国，政府给予这些基金会广泛的税收优惠，只需它们每年将财富的一小部分用于公益事业，剩余部分可以用投资股票等方式来增加基金会资本。这样一来，本应进入国库、根据宪法用于造福公众的钱财却留在了私人机构之中，由其自行决定资金的用途。更为讽刺的是，这些基金会的创始人由于这种安排，在缴纳的税款方面比他们通过商业活动获取财富时少得多。根据"政策研究所"的估算，如果"捐赠誓言"中的100位美国成员按照承诺捐赠其一半的财富，总额将接近5000亿美元，这就意味着美国政府将失去大约3600亿美元的税收收入。

换句话说：这种慈善形式提供了一种仅少数人能够享有的塑造能力，而这却由广大人民提供的资金买单。在媒体对于某些人捐赠巨额款项的关注中，往往忽略了一个经研究反复证实的事实：那就是相较于自身收入而言，收入最低的人却在慈善捐赠方面做出了最大的贡献。

每年她都会两次解释，哪些组织受到了她的捐助，麦肯齐·斯科特在一篇短文中写道："将大笔捐款者放在关于社会进步的故事中的核心，实际上扭曲了他们的真实角色。"她与客户共同努力，只是希望"捐赠那些由需要改革的体系所创造的财富。在这个过程中，我们以谦卑和坚定的信念为指导，认为如果财富不过度集中在少数人手中将更好，而解决这一问题的办法最好由其他人来设计并实施"。

尽管该组织的宗旨是捐出一半的财富，然而这样的经济系统却使得 12 年前加入"捐赠誓言"的 60 位美国亿万富翁的财富总额几乎翻了一番，其中 50 人甚至增加了 3 倍，一些人更是增加了 10 倍以上。2020 年 3 月至 7 月，当全球受到新冠疫情的严重冲击时，"捐赠誓言"的 100 位美国亿万富翁的总财富却增加了超四分之一。这些新一代的慈善家们赚钱的速度远远超过他们捐赠的速度。

世界粮食计划署（WFP）负责人、美国人大卫·比斯利（David Beasley）在 2021 年新冠疫情期间多次公开呼吁世界上的亿万富翁，请求他们慷慨解囊，一次性捐赠 66 亿美元，帮助世界粮食计划署为 4200 万受到饥饿威胁的人提供一年的食物。不过他很久都没有收到任何回应，直到突然之间，埃隆·马斯克，现在全球最富有的人，出现在推特上公开回复他："如果世界粮食计划署能够在社交平台 X（前身为推特）上详细说明如何用 60 多亿美元消除全球饥饿问题，我会立刻卖掉特斯拉股票并进行捐赠。"马斯克写道："请公开你目前和计划中的支出明细，让人们清楚地看到资金的去向。在阳光下保持公开透明是一件美好的事情。"

当大卫·比斯利向埃隆·马斯克解释说，这 66 亿美元的捐款并不能永远解决全球饥饿问题，但可以拯救 4200 万人一年免于饥饿时，马斯克选择了沉默。比斯利向他提供了所需的详细表格，说明了捐款的使用计划，并承诺在资金分配上绝对透明。他还邀请马斯克至少与他见一次面，让他有机会表达自己的观点。就像硅谷所猜测得那般，尽管马斯克曾接收了近 50 亿美元的公共资助来推动他的帝国的发展，但他并未再次回应。

那么，这会导致哪些副作用呢？

公共机构对此感到无能为力，尽管它们努力提供公共产品，人们却越发认为救世者们掌握着金钱的大权。

这样的观点是否符合现代对于英雄主义的理解呢？

哲学家迪特·托马（Dieter Thomä）专门撰写了一本书去讨论该问题。他的结论是，真正需要英雄主义的伟大事业并非个人的挑战，而是民主体系的有效运作。

基于这一发现，托马从中归纳出了两类英雄。第一类是

"宪法英雄"。他们不仅捍卫着社会共同制定的规则，还坚守着这些规则所追寻的目标。他们为捍卫他人和整个社会的权益而奋斗，即使他们自身并未从中获益，并且可能面临他人的抵制。从系统的角度来看，他们介入的时机是当民主所宣称的目标与实际目标不再相符时。他们并不质疑目标或宪法框架本身，而是审视达成目标的途径是否依然有效。他们的关注点在于是否存在某些阻碍因素，例如，过度官僚化或财富过度集中。

第二类是"运动英雄"。他们身陷困境，因为他们质疑现状。他们不仅认为当前的路径无法达到目标，更会认为目标本身就不够好。从系统的角度来看，他们渴望更新"使命"，更新目的。通常情况下，他们一开始就面临艰难境地，被低估或遭到抵制，因为他们挑战了可能性的边界。然而，当足够多的人跟随他们，例如，为气候问题而奋斗时，他们就能够触发社会的关键转折点，颠覆整个体系。

这两类英雄并不互相排斥，相反，他们相辅相成。一方面，他们引领我们关注应该一以贯之的价值观，另一方面，他们也让我们关注可能需要改变的价值观。正是在这种张力的交织中，社会才能实现进步。民主"存在于宪法之中，同时也是一场运动"，托马总结道，"这正是民主的伟大之处。"

那么，这些英雄的伟大之处又在哪里呢？

许多人在投身变革之前并非小有名气或者大富大贵之人，却仍然毫不犹豫地赌上了一切。他们对当前的情况有自己的理解，即使前途未卜，也仍愿意承担风险。

　　他们为了打造一个绝对公平而非相对公平的社群而努力。他们鼓励我们参与其中，他们已经采取了行动，但也不过分自我膨胀。这些事发生在哪个层面并不重要，我们的行动领域总是因人而异的。我相信或许我们经常会遇到这样的人，甚至就在清晨照镜子时。

你的存在至关重要

> 我的使命不仅仅是度过此生，而是在生命中绽放璀璨的花朵——伴随着激情、同情、幽默和独特的风格。
>
> ——玛雅·安吉洛（Maya Angelou），民权斗士

罗曼尼斯科西兰花在任何蔬菜摊位上都会引人注目。它是一种令人惊艳的甘蓝品种，不仅因其嫩绿的色彩，让人误以为它是花椰菜和西兰花的杂交品种，更因其独特的形态而令人称奇。整个蔬菜仿佛由一个微小的几何锥体构成，从简单的芽开始，细致雕刻的塔楼和尖顶不断重复出现。这种形态的重复与叠加，形成了壮观的螺旋结构，使整个罗曼尼斯科西兰花呈现出一种令人惊叹的外观，大者如同小者的复制品，小者则仿佛缩小版的巨大形态。这实在是大自然的一个奇迹。

下次购物时，若是能看到罗曼尼斯科西兰花，请一定要好好欣赏一下。我的女儿们都觉得它非常美丽。

罗曼尼斯科西兰花是一个典型的例子，它的各个部分都与整体相似，因为它们总是重复出现。这样的结构被称为分形。分形不仅在几何学中存在，通过图形的复杂计算可以

呈现出分形的形态，同时在由数字衍生的艺术中也能够产生惊人的效果。它们还存在于自然界中，比如珊瑚、海绵、蜂巢、雪花、蕨类植物的叶子、蜻蜓的眼睛，甚至血管的分支。所有这些结构都具有一个特点，即它们都按照同样的构建原理，从最小的维度延伸到最大的维度，可以说它们都是遵循同一个设计构建的。因此，当我们只看到它们的一部分时，很难判断它是从非常近还是非常远的距离拍摄的。这种分形的自相似性可以为我们讲述一些关于社会变革的故事。

美国人文地理学家凯伦·奥布莱恩（Karen O'Brien）在她的著作中提到了社会分形这个概念："尽管它通常只被视为一种隐喻，但实际上它能够改变人际关系，创造新的模式和社会结构，从而对社会产生实实在在的影响。"

奥布莱恩最初是一名地理学家，曾为联合国政府间气候变化专门委员会（IPCC）工作，该组织因杰出贡献而获得2007年的诺贝尔和平奖。然而，她对于自然变化背后的社会原因和其对人类的影响越来越感兴趣，这也使得她的研究视角从宏观转向了微观。在她的著作《你比想象中更重要》（*You Matter More Than You Think*）中，她以底层的视角审视全球的变化，从个体出发探讨整体，回应了人们常常对这种视角提出的质疑和挑战。她的研究不仅关注宏大的全球议题，更注重每个人的作用和影响，从而呼吁每个人认识到自身的重要性。

难道我们面对的不是那些看似摇摇欲坠、庞大而难以改变的体制？而个体不也是微小而无足轻重，从而无法在其中施展影响力吗？

是不是这个原因，面对挑战时，我们有时才会感到心神不宁、胆战心惊？

凯伦·奥布莱恩深思熟虑地回应道，我们深陷于社会的纷扰中，仿佛被无数微小而可控的系统环绕。在这些微系统中，我们能够施展影响力，发挥作用。而这些微系统又与更为庞大的系统相互交织，相互连接，进一步融入更加宏大的整体中。就如同无数的子系统，它们再次扮演着一个更大系统中的一部分。这正是小规模的社会变革推动着整个大规模变革的核心思想。这种观点犹如分形图像，相互呼应，相互影响。

凯伦·奥布莱恩写道："当我们的行为与内在价值观相一致，并通过语言和意义的建构来表达时，它们将繁衍自身并孕育出全新的模式，这些模式将在各个层面上体现这些品质。"

在分形结构中，特定的原则在不同层次上反复出现，因而扩大并成为我们日常生活的常态。当我们改变一个原则时，它将引发一系列连锁反应，这些变化能够在不同层次上延续。从这个视角来看，集体和个体的变革总是相互关联的，无论是自上而下还是自下而上的变革，以及在同一层次上不同组织之间的变革，从来都不是孤立发生的。

这并不意味着每个人都在说着同样的事情。

事实上，自相似性并不意味着完全相同。

凯伦·奥布莱恩关注的不是世界观的同质化，而是对世界的态度。以开放性为例，如果个体将其视为一种价值观，他们就会通过自己在社会中的行为来强化这一价值观，就如同社会将开放性视为一种价值观时，那么社会也会影响和塑造个体的行为。这并不意味着规定了某个人对特定主题的想法或言论，而是预设了一种方式：在开放的氛围中，其他观点也有机会存在。通过这种方式，我们内在的多样潜能被激发并在各自的文化中传承下来。然而，要激活和传承这些潜能，需要众多个体的参与。他们倾听、叙述、重复和改变着那些解释和组织我们世界的故事，塑造了我们自身和他人的认知。正是通过这样的过程，众多个体成为价值观的表达者，从而形成我们整体理解和行为的基石。

凯伦·奥布莱恩指出："机构可以随着时间的推移而变化，结构可以进行改革、更新或重新包装，以展现出新颖和先进的形象。然而，如果这些机构的根本价值观不包含或促进所有人的福祉，那它们在某种程度上更可能生成碎片而不是分形模式。"

分形是个体自组织部分形成整体的典型示例，而片段只关注个体本身而忽略了其嵌入性。因此，片段更容易导致不平衡状态。

那么，我们应该如何获得更多的平衡呢？我们如何找到一种日常可行的行动方式，既不失去自我，也不失去整体的视角？

我将尝试以头脑、行动和情感的方式对我们的影响力进行分类。

让我们聚焦于头脑。我们有能力集思广益，共同寻找问题的解决方案，这是我们与地球上其他物种的不同之处。为了实现这一点，我们需要与他人达成最佳共识，共同理解世界。正如每个人在伴侣关系或工作场所中所知的那样，对于为什么事情不能顺利进行或什么才是问题的合适解决方案，意见有时会在微小的细节上存在较大的分歧。

美国生态学家加勒特·哈丁（Garrett Hardin）指出，实现共同理解的一种方法是关注我们对世界的描述方式，以及当我们以不同方式进行描述时，我们如何有效地进行交流而不是陷入互相指责的困境。为了解释这一点，哈丁引导我们进入科学领域。他区分了两种贴近现实的思考和表达方式，其十分典型但又各不相同：数字词汇和文字词汇。数字适用于定量测量和捕捉比例关系，而文字适用于定性描述和捕捉关联性。每种表达方式都能较好地涵盖某些事物，但对其他事物的描述则相对不足。为了全面描述世界，我们需要兼顾两种方式。哈丁在他的著作《过滤愚蠢》（*Filters against Folly*）中强调了这一点。

在新冠疫情期间，我们亲身体验到数字和文字可以以不同的方式去描述情况。即使我们自己尚未感染，通过每天新增感染人数，也能对病毒的传播范围有一个大致的印象。然而，它们无法展示出这种感染对个人而言意味着什么。只有来自医院重症监护病房的第一手经验报道才能说明这一点。此外，还存在一个过程。在新冠疫情期间，我们也亲眼看见了这一点。我们应该考虑到特定问题在长期内产生的后果，而不仅仅只是眼前的影响，以便进行评估。只有这样，我们才能获得时间感。只有这样，即使形势看似还不严重，我们也能及时做出反应。只有这样，我们才能保持持久的学习状态，期待今天的解决方案能够应对明天的问题。

什么是适当的词语?

什么是适当的数字?

之后又会发生什么?

通过不断思考这些问题，根据哈丁的观点，我们可以避免许多不必要的误解和冲突。这并不是在度量和叙述之间做出选择，而是在特定情况下进行有意义的结合。过滤器帮助我们审查我们用于描述问题的词语和数字是否真正表达了我们的意图。例如，我们只计算可以测量的内容，但并不是我们所能观察到的一切都可以用数字来表达，也不能用数字来表示所有内容。另外，如果我们只通过叙述来理解世界，而不使用数字和度量，那么比例关系、动态和逐渐累积的趋势可能会被忽视。

因此，通过哈丁的过滤器，我们不仅可以更准确地描述问题，还可以测试我们为其找到的解决方案。这对于未来素养是至关重要的，它涉及我们能够阅读和书写未来的能力。

只有当我们能够清晰地理解现状时，我们才能达成共识，明确未来应该如何发展，以及我们可以为此做出什么贡献。

即使我们描述了问题并找到了一个良好的解决方案，也不意味着问题已经解决。许多事情需要逐步进行。

那么我们应该从何处开始呢？

对于这个问题，美国生物学家斯图尔特·考夫曼（Stuart Kaufman）的研究给出了一个可能的答案。他研究了自然界的发展过程。当然，在自然界中，并没有人事先考虑过从单细胞生物到人类的发展过程中，应该先采取哪个步骤最为合适。但这并不意味着不存在这样的步骤。考夫曼通过他的"相邻可能性"（adjacent possible）概念解释了自然界的调整方式。其核心观点是，自然界通过不断探索与之相邻的事物创造出新的可能性，从而产生新的机遇。

考夫曼表示："生物圈只会以其所能承受的速度进入相邻领域。"

对于人类来说，这并不意味着我们不应该进行规划，不应该追求广泛的目标来改变我们的系统。这意味着我们只能逐步接近这些目标，以免变革过于颠覆性，即引发严重危机或因争夺主导地位而导致的对抗。那些渴望采取行动的人必须在合作策略中始终伸出与他人合作的手。这意味着我们必须接纳那些向我们伸出援手的人。因为要让不同组织结构的人们走到一起，为那些在各自子系统中习惯于不同世界观或行动逻辑的人们形成新的联盟，就需要共同商定关于事物本质的共识。社会学家亚明·那塞希（Armin Nassehi）从中推导出"实用联结可能性"的原则，提醒我们接受这个事实。

他的描述是："要以一种对方能够接受的方式处理，因为你无法控制对方的反应。"

如果我们每个人都迈出当前可行的一步，就能创造能够在我们的系统中持久表现的变化，这些变化体现在实践中和自组织的过程中。只要我们不是停下来休息，而是继续前进，就会形成一种动态的实践，我们会适应不断变化的未知因素，我们的例行程序会改变，机构会重新包装，新的事物会变得正常。这是因为有尽可能多的人参与其中。我们将第三个视角作为目标牢记在心，以保持方向不偏离。但我们也会根据具体情况调整下一步的行动。

如果过程耗时太长怎么办？

在这个过程中，我们需要关注内心的作用。它引导我们采取一种积极的态度，以便我们能够成功地应对挑战。因为真正的行动力和自我效能感源于我们与自己的关系。我们可以激励和要求他人进行改变，并在适当的时机要求更大的改变。然而，我们采取的方式至关重要，无论是对他人的影响还是对自己的影响。一方面，我们不能依赖他人的行为来实现自身的变革。另一方面，每个人都需要他人的支持来实现根植于文化中的变革，而不是强加的变革。

古希腊斯多葛学派有一个概念，能够帮助我们理解这种矛盾。它被称为"arete"，意指一个人的美德和卓越。美国作家乔纳斯·萨尔茨格伯（Jonas Salzgeber）将其译为一个令人满意的个人理念。对他而言，"arete"意味着"随时展现出自己最好的一面"。他将其描述为一种态度，帮助我们在行动与意图之间保持一致。我们可以对自己的意图负起责任，然而我们的行动是否能真正达到我们所期望的效果，则取决于其他许多因素，特别是与我们有关或参与其中的他人。

换句话说，我们每时每刻都努力根据最佳的知识和良知去行动，成为我们所能成为的最好的人。

我今天在哪个方面迈向了最接近理想的一步？

如果这是我们积极思考的问题，那么将发生许多变化。我相信，当你与他人讨论这个问题时，你会有一种体验：我们也可以以不同的方式展开行动。